梦山书系

走出班主任工作的十大误区

黄行福　黄　婷◎著

海峡出版发行集团｜福建教育出版社

图书在版编目（CIP）数据

走出班主任工作的十大误区/黄行福，黄婷 著. —福州：福建教育出版社，2016.4
ISBN 978-7-5334-7121-7

Ⅰ.①走… Ⅱ.①黄… ②黄… Ⅲ.①中小学－班主任工作 Ⅳ.①G635.16

中国版本图书馆 CIP 数据核字（2016）第 023746 号

Zouchu Banzhuren Gongzuo De Shida Wuqu
走出班主任工作的十大误区
黄行福 黄婷 著

出版发行	海峡出版发行集团
	福建教育出版社
	（福州梦山路 27 号 邮编：350001 网址：www.fep.com.cn
	编辑部电话：0591—83726908
	发行部电话：0591—83721876 87115073 010—62027445）
出 版 人	黄　旭
印　　刷	福州华彩印务有限公司
	（福州市福兴投资区后屿路 6 号 邮编：350014）
开　　本	720 毫米×1000 毫米 1/16
印　　张	8
字　　数	118 千
插　　页	2
版　　次	2016 年 4 月第 1 版 2016 年 4 月第 1 次印刷
书　　号	ISBN 978-7-5334-7121-7
定　　价	20.00 元

如发现本书印装质量问题，请向本社出版科（电话：0591—83726019）调换。

前　言

　　班级是学校重要的组成部分。学校工作中，班级工作的重要性怎样强调都不过分。而怎样做好班级工作，早就成为人们关注的焦点。图书市场上，有关班主任工作的书籍，几乎是数不胜数。人们纷纷为班级工作支招。他们出点子，出主意，让许多一线班主任获益匪浅，有力地推进了班级工作水平的整体提升，为培养优秀的下一代贡献了智慧。但我们可以发现，这些书籍，都有一个共同的特点：正面告知班主任该怎样做。

　　我们知道，在任何一项工作中，正面告知怎样做，有着不可低估的引领价值，是非常有必要的。因为但凡工作，都是从一步一步开始入手的，在此基础上，再逐步推进。这可以说是工作的正态。所以，那些正面告知班级工作如何开展的书籍，正是符合了人们开展班级工作的正常状态。

　　但是，任何一项工作，又都存在着另一面：偏差，或者误区。实际上，毫不奇怪，这也是一种正态。人们或者因为认识的原因，或者因为个人的局限，或者因为时代的发展，都会在不知不觉之中出现工作上的误区或偏差。如果说，那些正面告知班主任怎样做的书籍，是工作的指南；那么，告知班主任工作存在误区或偏差并引领班主任走出误区或偏差的书籍，就是工作的矫正器，指引正确的方向，让班主任工作少失误，少走弯路。

　　工作中，有了误区，有了偏差，就有必要纠正，否则，就可能差之毫厘，失之千里。就一线班主任而言，他们天天与学生接触，每天都要处理大量繁杂的事务，天天都需要做出大量的判断和决定。这些判断和决定，又都是在短时间内做出的。这就意味着，他们做出那些决定时，容不得他们有太多的思考与琢磨的时间，误区与偏差就在所难免。问题是，这些误区与偏差，需要有人为他们指出来，让他们明确，更为重要的是，不仅要让他们明白偏差所在，还要为他们指明走出偏差的方略。否则，影响工作不说，还会影响到学生的健康成长，那就是大事了。这就是本书的目标所在。

实际上，每一位班主任在他们的班级工作中，疑惑与困难时刻存在。有时候，哪怕是老班主任，经验丰富的班主任，老革命也会遇到新问题，仍然需要有人为他们解答疑问，才能稳步而正确地前行。尤其是在新课程实施的今天，新的理念，新的工作要求，时刻要求班主任们要以新的状态，新的思路去面对新的实践。学生主体，个性培养……这些新的课题，新的要求，每一项都是对班主任的考验。在新的考验面前，班主任能否交出合格而优秀的答卷，值得深思。

工作中，自以为是，掌控学生，心理问题当成品德问题来处理，凡事必一查到底，等等，这些具体问题，都需要仔细辨明，再从从容容走出偏差境地。

班级是个小社会。在这个小小的社会中，师生都有充分展示自己的机会。在这几十人组成的临时性的社会中，怎样达到相互理解，怎样和谐相处，又怎样共同成长，这些更是我们今天所面对的班级工作中的大课题。

本书就是为一线班主任解答疑惑的。当然，班级工作永远都是常做常新的，一本书解决不了所有问题，但至少可以给我们以启发，以方向。

目 录

一、摒弃救世主心态：做平等者中的首席 ………… 1
 抛弃舍我其谁的心态 ……………………………… 2
 走出自以为是的境地 ……………………………… 4
 让班级成为"成长共同体" ………………………… 6
 平等者中的首席 …………………………………… 8
 培育学生的责任意识 ……………………………… 10
 向学生看齐 ………………………………………… 12

二、学生未必都有向师性：尊重学生个体的选择 ……… 14
 "其身正，不令而行"？ …………………………… 14
 "亲其师"与"信其道" …………………………… 16
 增强班级凝聚力 …………………………………… 18
 做学生愿意亲近的班主任 ………………………… 22
 向师性的前提——选择 …………………………… 27
 尊重学生个体的选择 ……………………………… 30

三、真情未必唤得三春晖：给真情加点"糖" ………… 33
 真情未必真赢 ……………………………………… 33
 真情易导致专制 …………………………………… 34
 找准契合点 ………………………………………… 37

对症下药才会赢………………………………………… 40
　　解学生之忧……………………………………………… 42
　　给真情加点"糖"………………………………………… 44

四、走出分数至上的阴影：班主任工作不能化简 ……… 47
　　会抓分数就是好班主任………………………………… 47
　　分数的非正常效应……………………………………… 50
　　班主任工作不能化简…………………………………… 51
　　建立合理的评估机制…………………………………… 53
　　走出分数至上的阴影…………………………………… 54

五、心理问题并非品德问题：特"病"特治 ……………… 57
　　心理问题误当品德问题………………………………… 57
　　误诊的不良后果………………………………………… 60
　　班主任需具备心理学知识……………………………… 62
　　引领学生树立正确的价值观…………………………… 64
　　引导学生学会共同生活………………………………… 66

六、男孩女孩不一样：一视同仁应该缓行 ……………… 68
　　男教师的尴尬…………………………………………… 68
　　校园中的阴盛阳衰……………………………………… 69
　　一视同仁应该缓行……………………………………… 70
　　引导女生健康生活……………………………………… 73
　　办适合男生的教育……………………………………… 75
　　做男孩女孩的"大众情人"……………………………… 77

七、高帽子并非越多越好：该奖则奖　该罚则罚 ……… 79
　　爱戴高帽子——人的天性……………………………… 79
　　"捧"亦"杀"……………………………………………… 80

激励也要讲究艺术 …………………………………… 83
　　该奖则奖　该罚则罚 ………………………………… 86
　　唤醒成长的内在动力 …………………………………… 87

八、不宜只"算总账"："吾日三省吾身" ……………… 89
　　不能忽视了过程 ………………………………………… 89
　　为什么要"算账" ……………………………………… 91
　　"算账"何必到秋后 …………………………………… 92
　　"小账""大账"都得及时算 ………………………… 93
　　算账也得讲究 …………………………………………… 94

九、罚"此"奖"彼"非妙法：欣赏才是硬道理 ……… 96
　　被奉为法宝的妙法 ……………………………………… 96
　　罚"差"奖"优"就是分等 …………………………… 98
　　摒弃"差"与"优"的刻板印象 ……………………… 99
　　变"补缺"为"欣赏" ………………………………… 100
　　精准帮扶"拉一把" …………………………………… 102

十、家长未必即资源："斗争"中联合 ………………… 108
　　家长参与班级事务的另类思考 ………………………… 108
　　家长不一定即资源 ……………………………………… 110
　　确认家长的类型 ………………………………………… 111
　　冷静面对"难缠"的家长 ……………………………… 114
　　家校合作　形成合力 …………………………………… 116

　　后记 ………………………………………………………… 119

一、摒弃救世主心态：做平等者中的首席

在新浪博客上，有这样一则招募支教志愿者的启事，标题为"为四川省凉山州喜德县北山乡都来小学招募支教老师"。其中的"特别提醒"部分，有这样的文字。

• 教育是改变贫穷落后地区最有效的方式之一，但教育也是件长年累月的事，不是半载几年可以明显改变的。因此不要对个人支教一年的效果期望过高，团体运作、务实做事和长期坚持才是有效的方式。

• 志愿者千万不要自持救世主或高人一等的心理，更不要去强求改变别人的生活和命运，因为多数的你不具备这个能力。你想的不一定对，也不一定适合他们。我们能做的只有踏实地教一些基础和实用的知识，以及在我们力所能及的前提下提供一些对他们合适的帮助和便利。

• 到处都是真实生活，因此在支教过程中若看到不顺眼的经济、管理或其他社会不良现象，请不要跳出来指手画脚。支教才是我们的目的，那些不是我们该管和能管的。

这几段文字，一是让支教者明白自己的实际影响，二是要他们明白自己真正所能起的作用。其中，最为重要的就是不能以救世主的心态开展工作，要摆好自己的位置，知道自己真正是来干什么的。责任心固然重要，但摆正自己的位置，更为重要。支教者不能把自己看得过于崇高，把自己的能力过分夸大，要以一颗平常心对待自己的工作，正视自己的能量。

这种心态同样适用于现在的中小学班主任。成长中的学生，在他们的生活和学习中，在他们的成长过程中，离不开他人，尤其是教师、班主任的帮助与指导。学生在得到教师的帮助之后，在他们的心里，会有所感触，有所感激。但教师在帮助了学生之后，或帮助学生之前，切不可把自己看作学生

的救星，认为自己就是救世主。作为教师，作为班主任，我们所做的，都是自己应该做的。把自己视为救世主，是自恃过高，是对学生的一种伤害。

抛弃舍我其谁的心态

一位班主任在她的随笔里写道：

我应该认识到，我是一个教师，应该尽到教师的职责。但是，我同时也应该认识到，教师不是万能的，教育也不是万能的。我是一个教师，仅仅是一个教师，仅仅是一个普通的不能再普通的班主任。我不是救世主，也不是神仙皇帝。我不必把不属于我的责任全部揽到自己身上。属于家长的责任应该由家长承担，属于任课教师的责任应该由任课教师承担，属于学生自己的责任则应该由学生自己承担。

既不妄自菲薄，轻视和怠慢自己的工作；又不妄自尊大，无限夸大教师和教育的作用。抱着平和的心态工作，努力从工作中寻找乐趣，而不是急功近利地要一个所谓的结果。

想清楚了这些，我豁然开朗。两个月来，我第一次酣然入眠，香甜一梦。两个月来，我第一次离开书桌，到自然里走走。这一刻，天空明净，秋阳妩媚。微风不起，纤尘不动。岁月静好，我心安宁。

可以说，这是一位既有着强烈责任感，又有着清醒头脑的教师。她既看到了自己的力量，也认识到了自己的局限。教师不是神，他们仅仅是一个个普通的灵魂，其能量毕竟有限，把家长的责任，任课教师的责任，学生自己的责任，统统揽到了自己身上，这是不切合实际的，也是与学生的成长不适宜的。

一位普通的教师，普通的班主任，其本人的知识、认识、精力等都十分有限，根本就不可能解决学生的所有问题，负自己的责才是正途。班主任只要尽了自己的责，就可以问心无愧，就是称职。

"把所有问题都自己扛"的班主任，最后都会明白：他或她根本扛不了那么多的问题，他们只能做好自己的本职工作。

著名哲学家维特根斯坦在1920年作出了一个重大决定，立志为偏远地区的儿童提供优质的文化滋养，用数学来强化儿童的智能，用经典来提升学生的文化素养，并用《圣经》来净化儿童的心灵。于是，31岁的维特根斯坦来到一个名叫塔顿巴赫的小乡村当小学教师。他的教学方式很奇特。他指导学生们动手做引擎机，通过组合猫的骨骼来学解剖，通过观察繁星来了解天文。他还使班上学生的数学水平达到了其他同龄学生不可企及的程度。然而，他对学生要求极严，而且脾气暴躁，如果学生不让他满意，他就会暴跳如雷。一次，他一个巴掌把一个学生扇倒在地，学生当场昏迷，后来这个学生时常莫名其妙地昏迷，一年之后，这个学生死于白血病。

维特根斯坦严厉苛刻，甚至粗暴野蛮。学生功课学不好，他常常责骂他们，甚至殴打他们，不仅是惯常的打屁股，而且还打脑袋，打脸，用拳头狠打，结果造成一批学生严重受伤。有关这种凶暴行为的事传了出去，维特根斯坦不得不辞职。20年过去了，维特根斯坦又回到了奥地利的那个小山村。他的学生都是成年人了，但他们对凶暴教师的记忆并未随岁月的消逝而淡忘。一个挨一个，维特根斯坦敲开他们的门，请求他们宽恕20年前他的不可容忍的残暴行为。面对他们中的好几个人，他真的跪了下来，请求他们原谅自己。但他过去的所有学生中，竟没有一个愿意宽恕他。

可以说，在当初，维特根斯坦是怀着满腔的热血，打算把自己所拥有的学问贡献给他心目中的山区孩子。他的愿望，不可谓不美好，他的理想也不可谓不崇高。他的责任感，不可谓不强。此时，任何人也不得不佩服他的纯洁，他的崇高的使命感。但他把自己看得过于崇高，过于伟大，好像就只有他才能把那个重大的使命完成。把学生看成是需要被改造的对象，自己就是这一行动的推动者实施者。在自己的强力推进行动中，一旦遇到阻力，他就一定会下决心把阻力排除。这阻力如果是人，就把人消灭；如果是物，也把它摧毁。维特根斯坦就是这样工作，也是这样对待他的学生的，才导致了工作的彻底失败，成了学生一辈子都不宽恕的人。

教师的工作对象是人，是活生生的、有生命力的人。更为重要的是，学生都是正在成长中的、不成熟的人，不是我们所要改造的对象。他们身上可能还存在着一定的缺点和毛病。他们可能时常恶作剧，时常来一两个小插曲，时常开开小差，时常说说话，时常分分心，甚至时常出现情绪上的反复。面对这样的一群孩子，我们能把他们怎么样？

我们所能做的很少，那就是：耐心地教育，耐心地引导，走在学生前面，领着学生往前走。

走出自以为是的境地

班主任以一己之爱，把全班学生的思想都"统一"到了自己的"爱"之中，然后就按照自己所"爱"的想法去要求班上所有的学生。这是很多班主任的想法与做法。

班主任自以为是的爱，有人进行了概括。主要有：

用自己的好恶、期望来评价和塑造孩子。

局限于过去的经验教育孩子，缺少开放的心态和终身学习的意识。

制定违背孩子成长规律，对其尊严、价值和唯一性缺乏尊重的规矩。

以爱的名义对孩子使用暴力。

利诱或与别人比较来激励孩子。

怕孩子失败、犯错，总替他做选择。

爱，容易导致暴力，这已经不是什么新鲜的观点，一定情况下，这已经成为现实。实际上，我们只要稍微观察一下现实，就可以发现：教师或班主任在爱的名义下，做出了一些违背爱的真谛的事情，让学生被动接受。

自以为是的爱，导致教师剥夺了学生的选择权，这是教师的爱所导致的严重失误。应该让学生有自己选择的权利。

2014年8月，某高中一位班主任刘某私自篡改学生志愿，最终向学生道歉。

班主任刘某解释了自己为学生改志愿一事："我原本是出于好意的，看到学生第一志愿选了民办学校，就给他改了一个公办学校。""我没有征求学生的意见就修改了他们的高考志愿，这件事情我做错了。""就是和孩子们没有沟通好。"

在他的班上，有两个学生在填报志愿时和他进行过沟通，但是学生最终没有接受他的建议。他认为，学生所填写的那所学校，是民办学校，"那个民办学校收费高，公办的收费低，那个孩子家庭条件不好，我想着让他上少拿钱的学校。"刘老师说。

高考填写志愿，本来完全是学生自己的事情，学生愿意填报什么志愿，班主任只能提出意见供学生参考，学生最终填报哪所学校，决定权在学生自己手上，不在班主任那里。班主任改了学生的志愿，就可能会好心办坏事。

实际上，从个人的兴趣爱好等方面来说，学生自己才真正了解自己，自己喜欢什么，上哪所学校，选什么专业，学生自己最有发言权。班主任如果以自己的想法代替学生的想法，这其实就是一种专制。

过于崇高的使命感、责任感使班主任容易犯一个毛病：自我绝对化。

相对于学生而言，担任班主任的教师，一般而言，都是学校领导精心选择的结果，或至少认为是负责任的、值得信赖的教师。就目前的情况而言，中小学教师的学历早已达标，在那些尚未成年的孩子面前，至少拥有知识、阅历上的优势。这样的优势，就容易让一些教师产生一种相对于学生的优越感，从而变得更加自负。

中国向来是一个重资历、重经验的国度。"我走过的桥比你走过的路还长，我吃过的盐比你吃过的米还多。"就是最好的诠释。再年轻的教师，哪怕是刚刚走出大学校门，年龄至少也在 20 岁以上，与学生相比，具有年龄、阅历上的优势。这样，班主任在一群懵懂的孩子面前，就拥有绝对的优势。于是，自我的绝对化，自以为是就很自然地产生了。

对与错，在一些班主任的眼里，就转变成了教师对学生的专利。教师的总是对的，正确的；学生的，总是不对的，错的。更为重要的是，一些教师的自以为是，竟然是在爱的名义下进行的。这就更增添了其复杂性。

以自己的是非为是非，这是很多人的通病。他们如果从事的不是培养未成年人的工作，所产生的负面影响可能并不那么明显。但作为教师，尤其是作为班主任，一旦完全以自己的是非为是非，问题就变得更加复杂而严重。班主任的自以为是，后果就是学生与自己作对，或者敬而远之。

要走出自以为是的境地，班主任一定要扮演好朋友的角色、组织者和引领者的角色，与学生打成一片，成为学生的"忘年交"，把班级还给学生。

让班级成为"成长共同体"

浙江舟山的一位优秀班主任范群老师,她创建了雁形小队、最佳同桌。雁形小队是把一个班级分成几个小队,每个小队是一个集体,谁也不能掉队。每两个月评选一次最佳雁形小队、最佳同桌。于是,小队成员之间互帮互助成了风气,教师只要管好几个队长,再由队长去管他的成员。评选最佳小队、最佳同桌,它有要求,开展一系列的活动后进行评选。比如"你看看我,我看看你""心中的你,心中的我"等等,在活动中,学生朝着教师要求的方向积极发展。

这里,既蕴含着班主任的要求、目标,学生又不会感觉到是班主任在掌控。整个班级,形成了一种蓬勃向上的朝气、力量。学生在这样的环境里,既心情舒畅,又生动活泼。班里,师生之间,学生之间,和睦相处,和谐友爱。

班级的力量,集体的力量,无形中成了一种教育的资源。此时,班级的力量,远远要比教师个人的力量更强大,也更有效。

如果班主任把整个班级建设好了,学生之间就会互相帮助,不需要教师事事躬亲,就可以真正做到:学生自己可以解决的问题,不需要班主任亲自到场;学生自己解决不了的问题,才需要班主任相助。这样当班主任,就基本上可以以逸待劳了。

任何一个班级,真正的主人是班上的每一个学生。班主任如果把自己所带的班级,当作自己的地盘,这就是一种狭隘的心理在作怪了。

现在的情况是,一些班主任,在心里把自己所带的班级,当作自己私人的"属地",班级管理成了自己个人的私活。很显然,学生就成了自己的属下,成了自己管理和支配的对象了。主人变成了仆人。

9月4日,离2013年全国高考还有276天。某中学高三(8)班班主任李老师的这一天是从清晨6时开始的。

6:00,李老师快速洗脸刷牙,匆匆喝了杯温开水,收拾好昨晚的备课笔记,然后出门。

7:00，李老师准时到校，先在学校食堂吃早餐。匆忙用过早餐后，她走进了位于三楼的高三（8）班教室。此时多数学生已经陆续到校开始早自习。

7:25，语文早自习开始，学生们开始大声朗读《逍遥游》《阿房宫赋》。她说，语文听写所选字词都是精选的，这蛮考验教师的功底，既要掌握知识，也尽量不让学生太辛苦。

8:00，李老师忙完早自习后，赶到办公室稍微休息一会儿，喝点温开水。她的办公桌上摆着瓶止咳药。"咽喉不舒服，这是老师的常见病，算不了什么。只是前几天感冒了，有些咳嗽。"上午有两节课，她必须抓紧时间。

9:50，上完两节课后，她回到办公室，伸伸胳膊、喝口水，然后批改作文，一直到临近中午。李老师改一篇作文需要10分钟左右，把作业带回家改是家常便饭。除了睡觉，她将醒着的时间都奉献给了学生。

12:10，李老师吃过午饭后，一路小跑来到教室和学生聊天。

13:20，学生开始午休，有学生仍在学习。她走过去轻轻拍了一下，学生顺从地放下书本，趴到桌子上。

……

这是一份班主任工作的时间表，一天到晚忙什么，记录得一清二楚。这是许多一线班主任，尤其是高中毕业班班主任一天工作的记录。

这里，李老师的一些工作，基本上只是学科教学的忙碌。如果我们仔细思考一番，就可以发现，李老师的班级管理工作，有些可以"删除"或让班干部来管理。例如劝学生注意休息，早上提前赶到教室。

李老师把所有事情都自己扛，就会感觉到班级里的每一件事，都少不了她，都需要她亲自到场。其实，在很多情况下，班主任不在场，学生还可能更自在，更自觉。教师在场，他们反而会感到不自在，感到教师对他们的不放心，在监视他们，在约束他们。

班主任应尽早培养学生的自我管理能力、自助能力，把班级建设成为师生关系和谐、融洽的集体，利用集体的力量，把自己从繁杂的事务中抽身，做会"偷懒"的班主任，而把更多的时间和精力投入到研究学生和教学当中去。

平等者中的首席

从根本的意义上说，班主任是独立的个体，学生作为受教育者也是独立的个体，双方在人格上是平等的，作为班主任的成年人，就有权力去强迫学生接受自己的意愿？很显然，谁也没有赋予他们这一权力。

当年陶行知任育才学校校长时，有一天，他看到一位男生欲用砖头砸同学，就将其制止，并责令其到校长办公室。陶行知回到办公室，见男生已在等他，陶行知掏出一块方糖给他："这是奖你的，因为你按时来了，而且比我还早。"接着又掏出一块糖给男生说："这也是给你的，我不让你打人，你立刻住手了，说明很尊重我。"男生将信将疑地接过糖。陶行知又说："据了解，你打同学是因为他欺负女生，说明你有正义感。"陶先生遂掏出第三块糖奖给他。这时男生哭了："校长，我错了。同学再不对，我也不能采取这种方式。"陶先生又拿出第四块糖说："你已经认错了，再奖你一块，我的糖分完了，我们的谈话也该结束了。"

这是一则被广泛引用的故事。故事中的学生，在这个时候，一般而言，是比较紧张的。因为他所面对的是学校的最高领导——校长。但在此时，作为一校之长的陶行知，并没有居高临下地训斥学生，而是心平气和地将糖果拿给学生，并肯定了他的做法中值得肯定之处，让学生既感到意外，又充满感激，甚至还感觉自己的错误必须改正。他的和蔼可亲，让学生感到温暖。陶行知毕竟是学校的最高领导，他巧妙利用了自己的这一特殊身份，对学生进行了一番平等基础上的教育。虽然平等了，但没有把自己混同于普通的学生，而是牢记了自己的使命——教育，而且也起到了教育、影响学生的作用。相信，这位受教育的学生，在他的一生中，这个影响是永远难以磨灭的。

后现代主义课程的代表人物之一威廉姆·多尔，把教师的作用界定为"平等中的首席"。首席的含义当如乐队中的第一提琴手，既是乐队中平等的一员，又起着独特的引领作用。作为学生学习活动的组织者和引导者的教师，是师生平等对话中的"首席"，而"指导""引领"就是这个"首席"必须承担的责任和必须履行的义务，否则就没有尽到责。

符老师经常以朋友的身份同学生进行谈心，及时地发现存在的问题，及时解决。大概正因为学生太把他这个班主任当朋友了，班里的几个"坏小子"开始我行我素，符老师几次三番说服教育仍然无济于事，他们甚至公然与老师对峙。于是，符老师在班内积极开展文体活动，如打乒乓球、打篮球等，丰富学生的业余生活，引导学生将情绪正常宣泄，尽可能地调整他们的心态。另外，他还尝试了这样一个做法：在全班学生面前，把自己和个别同学之间的一些矛盾摆出来，让大家评理，到底谁是谁非。前提是只把教师看作矛盾双方的一员，而不必顾及教师这个角色。在强大的正义力量面前，这几个学生终于当众承认了自己的强词夺理是大错特错的。用符老师的话说，这是在为我自己伸冤；用学生的话说，这是老师和某某同学PK，最后老师胜出。

经过一段时间的多方努力，"浪子"得以回头，他们几个不但基本消灭了违纪现象，而且能够积极投身于班级、学校的各项活动中。班级又恢复了以往的和谐。张同学在随笔中写道："那天的活动课，我们在操场上打篮球，打着打着，我听见小江说：'班主任还是挺好的。'小强接着说：'是啊，我们以后不能再做对不起她的事了。'当时我以为我听错了，要知道他们两个平时最喜欢和班主任作对了。后来又听小江说：'是啊，不能再那样了。'这时我才相信那是真的。"

与学生和谐相处，这是很多班主任的愿望，也是他们所梦寐以求的效果。但他们实际上又担心，怕学生到时候不把自己放在眼里。这其实也是事实，至少上面这个案例就证明了这一点。问题在于，我们不能仅仅因为自己有这样的担心就止步不前，束缚了自己的手脚，从而把学生完全置于自己的控制之下。

班主任以朋友的身份与学生交往，与他们谈心，这本来是与学生保持良好、平等关系的最好方式。问题是一些教师在学生我行我素、不把教师放在眼里的时候，就开始错误反省，认为正是自己与学生的朋友身份才使学生不把自己放在眼里，让自己陷于难堪境地。于是，他们不是继续往前走，恰恰相反，他们来个紧急刹车，甚至是开倒车，在此止步，又重新搬出了师道尊严那一套，回到老路上去了，整个班级从春天又回到了严冬。

在前行的道路上遇到困难是难免的，关键在于对待困难的态度。是克服困难继续向前，还是紧急止步或者向后倒退？这是区别一个教师是否拥有智慧与勇气的标尺。一些教师之所以当了多年的班主任，观念没有转变，水平没有提升，一个很重要的原因就是在困难面前裹足不前，没有勇气积极前行，突破自我。

案例中的教师，是一位勇敢者。令人敬佩之处就在于：她仍然以朋友的身份与学生PK，让学生从这种PK当中认识到正确与错误，认识到自己的不对，从而在正确的班级舆论导向面前，改掉毛病，奋然前行。这也是她的智慧使然。

"随风潜入夜，润物细无声。"在这里，她的引领作用就"潜伏"在与学生的PK当中，学生对正确舆论导向的领悟，也正是在这种润物无声之中进行的。而PK是两个平等主体之间进行的较量。PK当中彰显着内在的规则：公平与正义。学生正是在这种公平与正义当中领略了教师的风采，领悟到我行我素的错误。

班主任在与学生的平等交往中，怎样"坐"好首席，这的确是值得深思的问题，需要探索的问题。"每件事都有一百种做法"，怎样"坐"好首席这件事也是这样。

培育学生的责任意识

从来就没有什么救世主，
也不靠神仙皇帝，
要创造人类的幸福，
全靠我们自己。

这是著名的《国际歌》中的几句唱词。唱词中，对救世主的否定，对神仙皇帝的不信任，强调的是：要靠我们自己，自己才能救自己。学生自己的问题，最为重要的，需要学生自己去解决，不能让他们有等待的思想，而应该让他们意识到自己的责任。

拿破仑有一次到森林里去打猎，突然，听到河边有人喊救命，跑过去一看，原来有人落水了。那个人看见拿破仑，眼里闪过一丝希望。那个人本以为拿破仑会伸出援手，不料，拿破仑却拿起枪吓唬他说："快点上来，要不然我就枪毙了你。"那个人很生气，忘了自己在水中，经过千辛万苦，终于爬上来了。他冲着拿破仑大叫："我和你无冤无仇，你为什么还拿枪杀我？"拿破仑说："要不是我拿枪吓唬你，你会拼命向岸上爬吗？因为我也不会游泳，那样你就死定了。"那个人这才恍然大悟，向拿破仑赔礼道歉。

那个人之所以能够爬上岸，正是依靠自己的力量。他辛辛苦苦，做出了巨大的努力，自己救了自己。正是拿破仑激发了他求生的意志，没有这一外在因素的作用，他自救不可能自然生成。

从第一次踏上讲坛开始，黄老师就暗暗告诫自己：一定要以太阳般的光辉照耀孩子，让他们沐浴着阳光成长；一定要以高洁的心灵影响孩子，让他们在澄澈的净土上展翅飞翔。于是，教育中，无微不至的关怀和爱，成了主线。慢慢地，孩子们对黄老师的依赖感越来越强，钢笔忘带了找老师，书忘带了找老师，东西弄丢了找老师。就连每天中午在校吃饭，也会忘记带饭钱或忘记订饭，天天找老师借钱买饭。曾经，黄老师感觉孩子们"老师、老师"的叫声是那样温暖。可是，时间久了，他发现了一些问题，学生做事情的时候丢三落四的多了。有时学校搞一次大扫除活动，会有很多学生忘带劳动工具，结束时又会有很多人忘记把劳动工具带回家。每一周都会有不少家长到学校给孩子送作业，有时候晚上会有家长打电话问孩子的作业，来送饭钱的家长也越来越多。

黄老师懂得了，做一个班主任，仅有一颗温暖的心是不够的。必要时，可以适当狠下心，做一个"严父"。班主任，有很多时候需要吝啬。于是，一次课间，几个小姑娘蹦蹦跳跳地跑到黄老师的办公室："老师，我忘了带饭钱了，借给我好吧？"看着可爱的孩子们，黄老师暗暗狠下心来，冲她摊开两手："你瞧，我今天也要在学校吃饭，可是谁叫我忘了带钱呢？算是对我的惩罚好了。"

为了防止孩子没钱中午饿肚子，黄老师又特意把钱送给学校食堂师傅，叮嘱他们给几个孩子订好饭菜，但不要说是老师给订的，就说让他们欠着饭钱，明天一并带来。

一段时间之后，学生行为慢慢有了变化。最明显的，忘记带饭钱的几乎没有了，早晨到校后，学生们会自觉订饭，有的还互相提醒。晚上再也没有家长打电话问作业了。黄老师这个班主任从繁琐的事务中解脱出来了，有了更多的时间思考教学，学生把自己从过多的依赖中解脱出来，有了更多独立自主的空间。

人身上存在着惰性，这些惰性会时时光顾，一不小心，人就会被惰性所主导，最后成了惰性的奴隶，从而一步步被惰性所侵蚀，成了十足的依赖者。成长中的学生就是这样。

爱学生，并不等于为学生大包大揽，也不等于让学生躺在教师的怀抱中过日子，爱的真谛，就在于让学生自己学会生活，学会学习，学会与他人合作，学会做事。所以，在一定程度上，正是"勤"老师培养了"懒"学生，而"懒"老师则可能反而会培养出"勤"学生。

正常一个人，身上都存在着两个自我：一个渴望自主，一个渴望被他人护卫。学生更是这样，他们一方面渴望自主，渴望独立；另一方面呢，他们又希望有人能够庇护自己，生长在他人的羽翼之下，可以安静地享受他人带来的舒适。有的班主任，只看到学生身上渴望他人庇护的一面，未看到其期盼自主独立的一面，所以，他们往往把孩子拥抱在自己的怀里，给他们以温暖，给他们以安适。这样只会培养出温室中的花朵，无法经受暴风雨的洗礼。

瑞士著名教育家裴斯泰洛齐说："每一种好的教育都要求用母亲般的眼睛，时时刻刻准确无误地从孩子的眼、嘴、额的动作来了解他内心情绪的每一种变化。"作为一班之主的班主任，就应该有这样的眼睛，去仔细审视学生的变化，从而及时采取措施，给学生以正面的、正确的引导，否则，就可能延误了时机。

向学生看齐

那次，黄老师患了重感冒，嗓子痛得无法说话，又临近期中考试，只好让学生自主复习，并布置了一道老师自己都没有解题思路的题。黄老师告诉学生，这道题老师没有思路，希望同学们尝试一下。学生们立即来了兴致，都有想挑战的欲望。晚课时，黄老师坐在班级后面，请学生们走上讲台讲解此题。意料之外的是，学生不但解出了题目，还把知识点找了出来，并总结了5种不同的解法。其间，他们还讲解了怎样突破难点，怎样找到解题思路的过程。这时，黄老师豁然开朗，这才懂得了教学相长的意义。课堂应该是师生双赢的舞台，是情感生成的平台，一直无法放手，是来自对学生的不信任，更没有真正地做到尊重。

面对一群富有朝气、生活在网络时代的孩子们，黄老师不得不承认自己欠缺了很多东西，不得不承认要紧跟学生的成长，向他们学习。

朝气蓬勃的孩子们总是给我带来很多惊喜，他们会告诉我这个世界在变，他们在成长，提醒我们也应该成长。每次读完我为他们写的故事，他们都会直言不讳地说出自己的感受，让我再次深刻地了解了他们眼里的世界。

这个案例告诉我们："弟子不必不如师，师不必贤于弟子。"学生并不一定是我们教育的对象，并不一定时时都需要我们去引导，去领跑。相反，在很多时候，学生也是我们的老师。我们想不到的，他们想得到；我们不懂的，他们懂；我们办不到的，他们办得到。只要我们放心。

这就是今天的班主任应有的心态：向学生学习！

美国社会学家玛格丽特·米德在《文化与承诺》一书中，将人类社会划分为前喻文化、并喻文化和后喻文化三个时代。在前喻文化中，晚辈主要向长辈学习；并喻文化中晚辈和长辈的学习都发生在同辈人之间。而在第二次世界大战后，科技革命的蓬勃发展使整个社会发生了巨大的变革，社会由此进入了长辈反过来向晚辈学习的后喻文化时期。

在后喻时代，学生通过网络或其他手段，会比家长、教师更早、更多地获得信息，当学生对事物的感知与教师所教知识发生冲突时，学生会大胆或无情地对教师的教育进行评价或批判。这就是对班主任老师的一种考验了。

网络时代，有时候教师的角色会被学生自己、学生父母、互联网等所取代。学生需要的不再是灌输知识的教师，而是引导者，即告诉学生应该学什么，往哪儿发展，剩下的就靠学生自己创造性地发挥了。

二、学生未必都有向师性：尊重学生个体的选择

作家魏巍在《我的老师》一文中用这样的文字来记载自己对老师的怀念：

每逢放假的时候，我们就更不愿离开她。我还记得，放假前我默默地站在她的身边，看她收拾这样那样东西的情景。蔡老师！我不知道您当时是不是察觉，一个孩子站在那里，对你是多么的依恋！至于暑假，对于一个喜欢她的老师的孩子来说，又是多么漫长！记得在一个夏季的夜里，席子铺在屋里地上，旁边点着香，我睡熟了。不知道睡了多久，也不知道是夜里的什么时候，我忽然爬起来，迷迷糊糊地往外就走。母亲喊住我："你要去干什么？""找蔡老师……"我模模糊糊地回答。"不是放暑假了么？"哦，我才醒了。看看那块席子，我已经走出六七尺远。母亲把我拉回来，劝了一会儿，我才睡熟了。我是多么想念我的蔡老师啊！至今回想起来，我还觉得这是我记忆中的珍宝之一。一个孩子的纯真的心，就是那些在热恋中的人们也难比啊！什么时候，我能再见一见我的蔡老师呢？

这段文字所描述的，就是学生对老师的依恋，即向师性。

在学生眼里，老师无所不能，老师的话有时候就是圣旨。而且，年龄越小，特别是小学一二年级的学生，老师在他们心目中的形象就越美好，老师的威信就越高。但是，到了小学高年级开始，情况就发生了变化。

"其身正，不令而行"？

小章上初中时，是出了名的"问题学生"，常常和班主任对着干。一次上数学课，班主任到教室来查看有没有上课开小差的学生，而小章对于班主任这种"限制课堂自由"的行为早已有了强烈的抵触情绪，便和周围几个同学

商量，等班主任来的时候，大家集体回过头去指着她笑。小章的主意让大家一呼百应，最终使年轻的班主任尴尬无比。

在这里，我们完全有理由认为，小章的班主任是一位称职的教师，一位称职的班主任。她只是做了她该做的。但小章并没有因为班主任"身正"而对她的做法表示认同，甚至赞同，而是产生了抵触情绪，萌生了反感心理。

由此看来，学生的向师性，并不是天生的，他们未必生来就向着老师。

学生的"向师性"是指学生有模仿、接近、趋向于老师的自然倾向。它表现在：

1. 凡是学生都具有一种"学生感"：都感觉到自己是学生，要学习，要听老师的教导和指挥。

2. 学生的一个共同心理是：不论学习哪一门课，都希望有个好教师；不论在哪一个班学习，都希望有个好班主任。

3. 学生有一种共同心理，这就是希望自己能得到教师的注意。

向师性是学生认真向学、求教的心理基础，也是学生健康成长的重要条件。教师的专业水平、职业道德，是学生产生向师性的重要外在因素。学高为师，身正为范。教师自己首先应该做学生的表率，成为学生的榜样。至于学生愿意不愿意学你这个榜样，是不是把你这个榜样放在心上，那是另外一回事。

班主任带班时，有时会遇到个别"特殊"的学生。某生由于从小家庭教育的偏差，奉行"唯我独尊"，什么事情总爱跟教师对着干。安排扫地他提前回家，布置作业他不完成，或者让同学替他做；课堂上他会阴阳怪气地怪叫，或者变着法子让教师下不了台。我们恐怕不能说，这位班主任身不正，但学生对着干的行为却是客观存在。班主任的"身正"，不一定就会引发学生的"不令而行"。

卢梭在《爱弥儿》中是这样勉励教师的："你要记住，在敢于担当培养一个人的任务以前，自己就必须要造就一个人，自己就必须是一个值得推崇的模范。"今天，众多教师以身作则，力争做个好榜样，但学生不见得就会买你的账，不见得就会把你放在眼里。

班主任做得再好，学生却不一定买账。虽然这并不妨碍教师的继续努力修身。毕竟，教师如果身不正，上梁不正下梁歪，问题就严重多了。

"亲其师"与"信其道"

"亲其师，信其道"出自我国古代第一本教育专著《学记》。大意是：学生和教师亲近了，才会信任教师，相信教师所说的，接受教师的教育。这也是向师性的重要内涵。

两千多年前的中国社会，人际关系比较单纯。对于教师，大多数人是怀着崇敬之心的。但今天的世界是复杂的，人们的文化水平普遍较高，人们所信奉的价值更加多元化。我们虽然一贯倡导教师要德艺双馨，但现实总不是那么完美，可能偏偏就存在德高而艺不高的班主任，你让学生如何去完整地向着他们？再说，即便是德艺双馨的班主任，也不一定所有学生都完全向着他们。因为每个学生心里都有自己的"小九九"，这就决定了他们对班主任的不同心理和态度。

实际上，"亲其师"与"信其道"之间，不一定就是一种关系，即："亲其师"也"信其道"；"亲其师"不"信其道"；不"亲其师"而"信其道"；不"亲其师"也不"信其道"。"亲其师"即"亲其人"，亲近教师这个人。值得亲的人，与此人所持之"道"，不一定都值得学生既"亲"又"信"。

"亲其师"也"信其道"

多年来，彭老师一直信奉一句话："学高为师，身正为范。"良好的修养和品质是一名教师的起点，必须怀有对学生的爱。爱其实也很简单，公平公正，以发展的眼光看学生。不因其成绩优异而优待他，也不因其成绩不好而鄙视他。

有一次，英语课上学习天气预报内容，但是课本内容只有两个句子，几个词。如果读单词，背句型，一节课将会枯燥无味。彭老师一上课在黑板上画了一幅中国地图，然后模拟中央电视台的播音员，进行了天气预报的表演。Hello, I'm... This is weather report... 同学们听后哗然，彭老师进而又问："怎么样？有信心成为中央电视台的播音员吗？"同学们大喊："有！"于是，开始选拔，一轮一轮的淘汰赛开始，同学们跃跃欲试。即便不能当选，也过了一把当主持人的瘾，好爽！同学李林从来都没有当众说过一句话，这一次她大胆地展示了自己，终于超越了自己，打开了学习英语的大门。以后英语课堂上同学们的态度变了，对教师的崇拜与尊重便深深地埋在他们心底了。

这样的班主任，学生才真正愿意亲近她。这样的例子在各个学校大量存在。那些德高望重的名师，他们既得到了学生的尊重，也得到了学生的信任。

"亲其师"不"信其道"

一教师，临近退休。教的是语文，性格随和，为人谦让，还担任了班主任。在她那里，学生与她基本上没有什么隔阂，师生关系十分和谐。学生几乎天天围着她转。所带的班级，几乎年年被评为学校的优秀班级。不仅如此，家长也非常认可她，都希望把自己的孩子送到她所带的班级。但令人遗憾的是，她的业务水平并不是很高，课也上得很一般。在她的课堂上，学生打瞌睡的多，认真学习的少。因此，学生的学业成绩不佳。

在这里，亲其师与信其道，就不合一，而是分离了。案例中，我们不能说学生完全不向师，但他们所向的，仅仅是教师的人，而不是其"道"，不是其业务，即学生不认同其"道"。

不"亲其师"而"信其道"

此类教师，人格不那么高尚，但业务精良，学生还是愿意听他们的课，学他们的"道"。

挣大钱的欲望驱使一些难耐寂寞的教师"靠山吃山"，利用任教、当班主任的优势，瞄准自己所教班级的家教"市场"，主动出击，各显神通。某数学教师明确告诫自己班上学生，请校内外其他教师当家教就是对他的不尊重；某语文教师把自己高考猜题经验吹得神乎其神，吸引学生上门；某政治教师用出难题考倒一大片的策略，促使学生认为政治学科也得请家教；某班主任一听到学生请非本班教师当家教，就立刻找学生谈话、给家长打电话，进行干涉……

这样的教师，虽然人格不那么高尚，但学生对其业务信得过。所以，尽管学生不那么喜欢这样的教师，但仍然愿意接受其家教。目前，搞有偿家教的教师中，此类教师所占比例较大。

事实上，如果真正请到了高水平家教，的确能给孩子的学习以帮助，后进生或许会后来居上，顺利升学，甚至考上名牌学校，优秀生则可能如虎添翼。这也就是那些师德欠佳而家教红火的教师的魅力所在。否则，他们就门庭冷落车马稀了。

既不"亲其师"也不"信其道"

某物理教师兼班主任，教课不受学生欢迎，连自己布置的作业题都讲不清，但诱使所教班级学生搞家教的本领超群。一接新班就拟了个应去她家补课的学生名单，每人每次20元。但她搞家教和上课一样马虎。有一天上午，她通知七八个学生晚上7点去她家，学生按时到，等到7:50她才回家。原来她是有名的"牌精"，样样牌艺精湛，下午一直在与同事们打牌，到家时还没吃晚饭。学生等得不耐烦，但敢怒不敢言，她是班主任，谁敢得罪？她还有一手不愁学生不上门的"绝招"：每次期中、期末考试前，她都要向家教学生透露物理试题，使他们物理及格，甚至得高分，制造家教学生成绩明显进步，所教班物理成绩比别班好的假象，向校方和家教学生的家长邀功。

这样的教师，人格卑下，教学能力也差，即双差。这就是学生和家长所厌恶的班主任了。

学生"向"师，其实还存在着一个"向"着师的哪方面的问题。是"向"其高尚的德行还是"向"其精湛的业务，还是二者皆"向"，这的确值得深思。

增强班级凝聚力

一个人问上帝：为什么天堂里的人很快乐，而地狱里的人一点也不快乐呢？上帝说：你想知道？那好，我带你去看一下。他们先来到地狱，走进一个房间，看到许多人围着一口大锅前，锅里煮着鲜美的食物，可每个人都一脸沮丧，原来他们手里的勺子太长，没法把食物送到嘴里。上帝说：我们再去天堂看看吧。于是他又带着那个人来到另一个房间，看见的是另一番景象，虽然每个人手里的勺子也很长，可是这里的每个人都显得快乐又满足。开饭了，只见这里的人们用勺子把食物都送到了别人的嘴里。

对他人的态度不同，行为就会不同。天堂里的人有一颗乐观向上的心，心里充满了阳光，对他人、对世界是友好的，是乐观的，因此他们才会互相帮助。学生心态的差异，也会导致他们对学校，对教师的态度不同。乐观的学生，把学校、把教师当成自己上进的加油站；悲观者则把学校、把教师看作让自己不快活的绊脚石。所以他们对学校，对教师有怨言，甚至恶言相对，责骂班主任，辱骂教师。

班主任如果换一种心态、一种思路，把班级建设成富有凝聚力的班级，还担心学生产生过大的离心力吗？

出操时班主任跟随学生一起做做操，喊喊班级口号，唱唱歌等。根据学生自己的意愿取他们自己喜欢的班名，不一定就是601班、501班这样叫，可用偶像或物化偶像代替班名。如有个班级取名叫"蜗牛小队"，他们的意思是像蜗牛一样慢慢走，不停步，一边走一边看。学生为自己取班名，这样的班级就有凝聚力。

班级的风气正、学习气氛浓；同学之间和睦相处，感情融洽；朝气蓬勃……这是很多一线班主任的理想。

增强班级凝聚力，不仅仅是口号和标语，而是实际的行动，具体的行为。俗话说，"干不干，看班干"。在一个班上，班干部勇敢担负起了自己的责任，都做好了自己应该做的，管好了自己应该管的，一般的学生就自然会跟着来。班干部是同学的榜样，既是好的榜样，也可能是坏的榜样。

目前，在一些班主任的工作中，根本就谈不上有班干部的地位，班上的大大小小的事务，统统自己一人承包了，效果却不很理想。他们往往在任命一批班干部之后，不管他们工作态度如何，工作效果如何，都施行"终身制"。只要自己还是班上的班主任，不管称职不称职，一律官任原职，从不撤换，造成懒政。结果，只有班主任一人在管事，班级工作基本瘫痪。这样的班级，自然就缺乏凝聚力，人心涣散，最后的结果就是：学生产生不了向师性。

就在学校布置"班级文化建设"的德育工作之后，一天，周老师特意提前到校，在教室里张贴了一则"招聘启事"：

招 聘 启 事

一个平台。

一个展现自我的平台。

一个抒写心灵释放才情的平台。

一个将理想诉之于笔端、将青春镌刻于记忆的平台。

初一（1）班报社，期待你的加入！

招聘岗位

1. 文字编辑（5名）

★具有较强的组织协调及管理能力，能独立策划并指挥重点新闻选题。

★能够整体把握一期刊物的内容安排及把关、审改稿。

★有较强的文字功底，文笔流畅，逻辑思维缜密，对工作有独到见解。

★有上进心、自学能力强、责任心强，能在实践中迅速成长。

2. 美术编辑（8名）

★良好的美术功底及艺术直觉，思维开阔，创意独特。

★熟悉杂志版式和设计制作，了解杂志信息采编、出版工作流程。

3. 记者（4名）

★知识面宽，文字功底扎实，新闻敏感性强。

★沟通能力强，视野开阔，有创新精神。

初一（1）班报社
2010.10.18

周老师估计会产生一定的效果，但没想到会产生轰动——基本上人人都来报名。最后的结果是全班一分为二，分两组轮流采写编辑班刊。当然这也是周老师最乐于见到的场面，因为每个人都能得到锻炼，每个学生的集体意识、竞争意识都可以得到增强。

根据"自立自强，青春飞扬"的主题，两个大组分别给自己的班刊命名为《绽放》《飞扬》。

开展班级特色活动，学生参与的积极性就特别高，经常举办类似的活动，在学生的心里，就自然会萌生自豪感和归属感，这就是班级的凝聚力。

郭老师接手过一个初二的班级，班内学风很浓，凝聚力强，学生都有较远大的理想，可是傲气很重，都看重"大事"，不注重自己身边发生的小事，不屑于做小事。如：放学后窗户没关就走了，大白天六个管灯全开着却不以为然，等等。针对这种情况，郭老师组织开展了《勿以善小而不为，勿以恶小而为之》的班会，会上对"小事该不该管"进行了辩论，还列举同学身边发生的小事造成的危害，最后得出结论："千里之行，始于足下；千里之堤，溃于蚁穴"，"一屋不扫，何以扫天下"。同学们还在班会上倡议成立一个志愿队，定期为学校、社会做好事，产生了很好的效果。

郭老师懂得舆论的重要性，通过抓班级舆论，压住了不良风气，让正确的舆论占了上风，主导了整个班级。

有个别班级，学生思想混乱，正不压邪，整个班级处于一种严重的涣散状态。很显然，这样的班级，就绝对不可能产生过什么凝聚力，有时候还有越来越强的离心力。

去年张老师在任高一（2）班班主任时，有一天，班里的一个女生寝室，夜里就寝纪律被扣掉两分，他很气愤，狠狠地批评了她们。可是第二天，她们就寝纪律又被扣了两分。张老师一向对学生的常规管理很严格，面对一个女生宿舍居然连续两次被扣分，他真是不能容忍。于是张老师对她们一个个进行了单独教育后，还让她们每人写了一份深刻的检讨书。结果，检讨真的写了，张老师的气也消了。

"老师，我们承认我们的错误。但希望您能让我们有一个逐步调整的过程，任何事都不能一蹴而就……老师，您也有过青春岁月，您也曾有过和同龄人畅谈的激情，您应该理解，我们就是这样一群明知是错，却还是要犯，即使受了教训，也会在不经意时再犯的一群，我们就是在这样的过程中，逐渐懂得生活的准则，逐渐完善自我的。老师，我不敢向您保证我们今后一定不会被扣分，但我能向您保证，我们今后一定会有进步，一定会做得更好。"

果真，此类现象就在几天后彻底消失了。

班主任的工作就是由这样的琐碎事情组成的。这些琐碎事情管好了，班级工作就成功了一半。班级是否拥有凝聚力，也就是从这些小事上体现出来的。

增强班级凝聚力，需要班主任付出智慧与劳动。而班级有了凝聚力就好办了，就不愁学生不产生向师性了。

做学生愿意亲近的班主任

20多年前,黎老师刚走上讲台,就有老教师对他说:"你的模样一看就不凶,学生不会怕你。"黎老师无奈地笑了笑,心想,模样是爹妈给的,我没法改变,而且,我也压根儿不想让学生见了我,就像老鼠见了猫一样,我要用我的知识、我对他们的关爱,使他们听我的话,让他们"亲其师而信其道"。

黎老师以满腔的热情对待工作,认真上好每节课,耐心地辅导学习有困难的孩子。课后跟孩子们交朋友,为他们弹琴,教他们唱歌,跟他们做游戏,休息时间带他们到田野挖野菜、采野花。孩子们喜欢围在老师身边,叽叽喳喳说各种各样的事,黎老师很开心。上课时他们遵守纪律认真听讲,因为他们不想成为老师不喜欢的孩子。在与孩子的接触中,不快乐的孩子他会给予特别的关爱,他们都特别愿意亲近黎老师。

20多年过去了,黎老师永远有一颗年轻的心,像朋友一样与孩子交流,像父亲一样呵护着他们。几年前的一个暑假,班上的几个孩子去溜冰,其中一个不小心跌伤了手,他们首先打电话给黎老师,虽然是在假期,而且开学后黎老师将不教他们了,可黎老师还是以最快的速度赶到那儿,把孩子送到了医院,又打电话跟家长联系。今年暑假前,他班的孩子总问下学期还教不教他们,黎老师告诉他们很可能不教他们了,他们感到不舍。6月30日那天,班上一个特别调皮的男孩一直闷闷不乐,当黎老师发《素质报告书》,靠近他的位置时,他手上拿了一部手机在玩,别的孩子说他把妈妈的手机带到学校来了。他低着头轻轻地说:"是妈妈同意我拿的,我只是想拍几张黎老师照片在手机里,暑假里也能看看老师。"黎老师感动了,其他孩子也沉默了。

黎老师说,我愿做一个让孩子亲近的教师,直到我退休的那一天,孩子都能感受到我仍有一颗年轻的心。

这位班主任的遭遇,很让人羡慕,他是快乐的,也是幸福的。这也是很多真正以教育为事业的教师所追求的目标。

一位班主任,你把学生当什么人,学生也会把你当什么人。教师把心交给他们,他们也会把心交给你。一份情意换来一份情意,一缕阳光换来一缕阳光。案例中的班主任，把自己的时间大多交给了学生，与学生共同交流，共同游戏，这是学生最期望的。一个业余时间能够让学生过得那么开心的班主任，就一定大受学生欢迎，更是学生愿意亲近的。

但奇怪的是，让学生害怕自己，一度成为很多一线教师处理师生关系的准则。这其实是把学生放在自己的对立面，当成了"敌人"。以往，我们在处理师生关系时，总是想着怎样让学生害怕自己，让学生在自己面前服服帖帖，被自己控制。教师与学生，好像就是敌对关系，是水火关系。不是一方压倒一方，就是一方害怕一方；不是你死就是我活。总之，不是和平相处、和谐相处的融洽关系。这是两极对立思维的直接结果。

今天我们终于走出了这一思维模式，把师生看作为友、伴关系，完全是和谐相处、和睦相处的关系了。

那么，一般而言，学生愿意接近什么样的班主任？

形象美好的班主任

用一句流行的话语来说，就是帅哥、靓妹级别的。

教师节前，某报组织了一次问卷调查，其中，136名学生的有效问卷结果表明，如今的学生可不好"伺候"，老师得长得"养眼"。在问卷调查中，75%的学生表示，喜欢长得漂亮的老师上课。

"长得漂亮的老师，我们看着养眼，听课也是种享受。"中学生王璐说，学生常常会因为喜欢一个老师而喜欢他的课。

"如果老师长得不吸引人，又很邋遢，即使教学水平很高，很多人也会敬而远之。"学生觉得不重视自己形象的老师，不但个人形象在学生心目中大打折扣，连他的教学效果也会受到"牵连"。

如今的学生，居然对教师的形象也挑剔起来了。

我们说，外貌，教师自己无法选择，都是父母亲给的。但起码存在着这样的倾向：教师要具有美好的形象。当然，这里的形象，主要指整体形象，不仅仅指外貌，还包括内心世界。

班主任老师虽然无法选择自己的外貌，但不能败坏自己的形象。起码应该在着装方面，在个人卫生等方面，给学生留下美好的印象。不可能所有的男班主任都是帅哥，女班主任都是靓妹，但班主任不论男女，都可以通过自己的修身，在学生心中留下美好的形象。这是完全可以做到的。

尊重学生的班主任

有一天，学生小王生病需要请假，汪老师忙于家务不便于到学校，接到小王的电话，汪老师说："你到医院也需要从我家门前路过，我不到学校去了，你就到我家来办理好请假手续，然后去看病吧。"

小王由他母亲陪着进了汪老师的家门，汪老师站起来让座，并给小王的母亲和小王倒水、递水果……小王的母亲不好意思地说："老师，您别客气，特别是在小王面前，他是您的学生，不需要这样热情地对待他。"汪老师半开玩笑地说："越是我的学生，我越要客气一点，小王现在成绩虽然不是我们班最好的一个，但他们与老师比较起来最大的本钱就是年轻，身体健康，可塑性强。当年许多学生在学校看起来并不起眼，但进入社会后等不了几年，有的成了老板，有的成为了专家，甚至有的成了我的领导……小王到我家来现在是学生，将来说不定就是来慰问老师的领导。面对未来的人才，我们哪敢怠慢呢？"

听了汪老师的一番话，小王的母亲笑了，说道："谢谢老师吉言，但愿我的儿子能成为有用之才。"汪老师发现进门时小王还低着头，听了老师的话神色坚定了不少。

学生还是孩子，班主任像对大人一样，尊重他们。可以说，这不是我们中国的传统。传统中，我们总是没把孩子当成独立的人，而是大人们的附属物，可以随身携带，可以不尊重他们的意愿，可以任意支配。而一个不受班主任尊重的学生，难以树立起自信心。

实际上，不论孩子还是大人，都十分在乎自己在他人心目中的地位：是否被他人看得起，在他人眼里的能量，是否被他人想起……而以区别的眼光对待学生，则是把孩子列入了另册，打入了冷宫，伤了孩子的心。相反，班主任以尊重的态度对待他们，则会让他们感觉到自己的存在价值，自己在班主任心目中的地位。

案例中的班主任，则完全没有区别对待，对小王母子一视同仁，把小王当作成人来对待，使他拥有与成人一样的独立人格，而且言谈中还带着希望，带着鼓励。听了班主任这一席话，小王的"神色坚定了不少"。他坚定的是对自己的信心，对自己未来的信心。这样的班主任，是受学生欢迎的。

对待每一名学生，我们都要表现出对他们的尊重，不要因为他们是孩子而怠慢他们。我们对学生的尊重，学生也完全能感受到，从而对班主任就会怀着深深的敬意和谢意。

熟悉学生的班主任

有一次放假前，一学生来办公室告别，班主任洪老师对他说："这次放假，你是回到老家和爷爷、奶奶生活，还是到省城去找爸爸妈妈，还是到深圳去和姐姐玩？你姐姐的孩子应该已经会走路了吧！"洪老师说完，这名学生先是一怔，继而微笑着说："老师，你对我家情况怎么这么了解？""对我的学生家庭情况都不了解，怎么当你的班主任！"洪老师笑着答道。

作为班主任，不仅要了解学生的学习，对学生的性格特征有深入的了解，同时对其家庭情况、家庭成员也要大致清晰。当我们在学生面前谈起他哥哥姐姐在工作或学习中取得的优秀成就，以及他爸爸妈妈值得他人称道的地方，学生对班主任的亲切感油然而生。

遗憾的是，有的班主任，只关注学生的学习，除此之外，一概不在其关注的范围内。所以，有时候学生谈起自己的家庭情况时，班主任茫然不知，让学生感到自己在教师心中根本没地位，因而失望。

有一次，我与一位学生聊天，在谈到她的妈妈时，我突然问了一句："你妈妈是某某地方人吧？"学生一惊，问："你怎么知道我妈妈是哪里人？"并立即说了一句："老师真关心我，连我家的情况都那么了解。"从此，她对我格外热情、尊重。

作为一名班主任，对班上学生的关心，体现在多方面，而了解他们的家庭情况，只是其中之一。

业务精良的班主任

受学生欢迎的班主任，也是业务精良的教师。这一点毋庸置疑。

王晓春老师在《班主任的专业水平的三个层次》一文中提出以下观点。

目前，班主任从专业技术水平的角度，可以分成三类：

第一类：专家型班主任。这是专业水平比较过硬的。目前这种班主任很少。

第二类：技师型班主任。有些专业色彩，作具体工作能力较强，但是并无系统的专业知识，也没有研究习惯。其工作主要靠行政手段（管理），靠经验，靠个人魅力。所谓优秀班主任，基本上是这种人。这类班主任目前占的比例也不大。

第三类：技工型班主任。就是干活的。领导抓什么我就干什么，基本上不动脑筋，工作全靠习惯思维和习惯动作，程咬金三板斧，不能解决问题就加大力度，再解决不了就没辙了。做受害者之状，怨天尤人。这类班主任，目前是班主任的大多数。

可见，班主任的水平呈金字塔状，而且这个金字塔又高又尖，底座很大。

这是很有见地的分类，基本合乎事实。所有班主任都可以看一看自己处于哪一个层次，属于哪一类。

专家型的班主任，专业过硬，技术娴熟，师生关系和谐，这肯定是最受欢迎的。

目前有人数众多的技工型班主任，工作靠应付，在学生心目中的地位也不高，也不那么受学生欢迎。如何提升水准，缩小这个金字塔的底座，是每个班主任自己的责任，需要班主任自己付出努力。

当然，班主任的业务，更包括教学业务。很显然，一位教学水平高的班主任，就具备了让学生欢迎的素质。但必须指出，一个班主任教学水平一流，并不意味着一定被学生接受，受学生欢迎。这基本上是两码事。

有这么一班主任，教学优秀，为人也很好，对教学极其重视。第二节课后的眼保健操时间，这位班主任为了能让学生多点时间学习，就把教室小喇叭的开关关掉了。过了些天，学校检查，发现这个班没做眼保健操，就问怎么回事，班主任说喇叭坏了。于是学校派人来修，爬上梯子后发现开关没开。一学生说："别听我们班主任的，他说假话比说真话还像呢！"这样一个小细节就毁了班主任自己在学生心目中的良好形象。

这样的班主任，他的初衷并不坏，是为了让学生多学习些知识，但他的做法却并不值得提倡，甚至连学生都反对，学生们只是不敢言罢了。这样的班主任在学生面前缺乏说服力，学生自然也不可能对他产生向师性。

一个学生写给教师这样一段话：老师，一年一度的评教评学活动又开始了，给您打多少分呢？我为难了，因为您从早到晚太辛苦了，谁能说您不是一个好老师呢？早上，您总是前几个到教室，晚上，您总是最后一个离开。不是您的课，您也舍不得在办公室休息一会儿，还要踮着脚扒在后门的窗口张望。您不厌其烦地将同学们的一言一行、一举一动都记录在您的班主任手册上。放学了，您顾不上回家照顾自己的孩子，却盯着一个个同学谈话，谁犯了错您不顾酷暑严寒去家访。但您可知道，您所做的一切并没得到大多数同学的理解，同学们只认为您"可怜"但并不认为您"可敬"。可我还是很同情您，希望您做一个能跟上时代的称职的好老师。

相信，任何一位教师阅读了这些文字，心里都会不好受，都会萌生很多想法。一个缺乏魅力的班主任，一个只是让学生产生同情之心的班主任，如何能让学生依恋你，乃至离不开你？这不仅仅是技能的问题，还是班主任整个心灵世界的问题，整个精神世界的问题了。

乌申斯基说："只有人格才能影响人格的发展。"

班主任的人格魅力，才是让学生迷恋的最为重要的因素。

向师性的前提——选择

大部分学生具有向师性，这一点不可否认。他们有一种"学生感"：感觉到自己是学生，要学习，要听教师的教导和指挥；不论学习哪一门课，都希望有个好教师；不论在哪一个班学习，都希望有个好班主任；希望自己能得到教师的注意。所以，尽管他们有时犯错误，班主任批评与指点后，他们就会有所触动，会产生效果。

然而，学生的向师性，至少对今天的学生而言，不是盲目的，稀里糊涂的，而是选择的结果。尤其是中学生，他们拥有自己独立的判断能力，对事、对物、对人，都会用自己的大脑去思考，去判断。当然，这是以独立性为前提的。

每个学生都独立于教师的头脑之外，不以教师的意志为转移。因此，它不是教师想让学生怎么样，学生就会怎么样。学生既不是教师的四肢，可以由教师随意支配；也不是泥土或石膏，可以由教师任意捏造。他们都有独立的倾向和独立的要求。

在学习和生活中,他们觉得自己能看懂的书,就不想再听别人多讲;感到自己能明白的事理,就不喜欢别人再反复啰唆;相信自己能解答的问题,就不愿再听别人提示;认为自己会做的事,就不再需要别人帮助;遇事能做出自己的判断,尽管这样的判断有时存在一些问题。

这样看来,学生的心里到底向着哪些教师,哪位教师,他们是有选择的,而不是盲目的。在自己的班上,任课教师、班主任品行如何,专业水准怎样,对学生的态度怎样,学生心里有一本账。尤其是对自己的班主任,由于天天接触,比较了解,心里到底向不向着他,每个学生都会做出自己的选择。

对于什么样的班主任学生才喜欢,有人这样进行了概括。

当代中学生心中最优秀的班主任标准:

一、用个人魅力吸引学生

1. 讲好课。讲课追求内容连贯,富有逻辑性。遇到不会的题,不要搪塞,要承认不会。

2. 自信、乐观、向上。要用自己的自信,树立学生的自信。

3. 以教书为乐,以学习为趣。让学生做到的自己首先应该做到,才具有说服力。

4. 每天都有创新。每天上课争取利用环境等各个方面的情况,使说话或讲课有所创新,让学生在轻松愉快中学习。当班主任就是为学生服务,学生有什么困难、想法、创意等尽管说,能耐心地给学生提供帮助与服务。

5. 多理解、多鼓励、少批评。把学生看成与自己一样的人,相信学生有比较成熟的思想,不要进行过多的说教,要多理解学生。当学生已经认识到自己错误的时候,就不再批评了。

6. 讲话精辟,不啰唆,富有诗意。

二、用文体活动团结学生

学校举行活动能让所有学生都参与,这是形成和谐的环境,产生向心力、凝聚力,培养集体荣誉感的绝好机会。

三、平等相待学生

不找学生谈话,更不给学生补课,也不拿着学生的卷子或者成绩单去批评。永远都不要在班里说"差生"两字，因为说了就表示有"差生"，而且"差生"就不会变好。永远都不要在班里说某某有实力干什么，因为这等同于说其他人没有实力。

四、用理想鼓励学生

学生正是有理想的时候，我们应该调动他们的积极性，而不是压制。

五、用学习节奏引导学生

学习是有节奏的，该玩的时候不要强迫学生学习，否则，只能适得其反。

以上这些标准，对班主任有参考价值，班主任可以用这些标准衡量自己的工作，看看自己身上存在着哪些学生喜欢的品质，有哪些学生厌恶的缺点，从而加强自我的修养，让自己成为学生心目中的优秀班主任。

今天，是个以学生为本的时代，不在乎学生感受，就很难成为学生心目中的好班主任。当前，学生虽然没有选择班主任的权利，但学生却拥有是否喜欢班主任的权利。

小静来自单亲家庭。父亲两年前死于车祸。母亲靠种地为生。小静简朴、上进，学习成绩也不错。

袁老师做了她的班主任后，曾暗地里帮助过她：通过饭卡管理员偷偷往她饭卡里打钱。但即使这样，她还是不舍得花钱买好一点的饭菜。袁老师便让小冬尽量跟她一块吃饭，一方面，小冬可以帮她买好一点的饭菜，另一方面，钱由小冬付（小冬的钱也是袁老师背后给的），这样小静基本上不用自己花钱。其实一学期也就一千元钱左右，对老师也根本构不成什么负担。

这年暑假，袁老师到小静家家访，母女俩早早出门迎接。一进门，袁老师就发现家里堆满了刚收回来的新鲜嫩玉米、豆角、茄子等。袁老师灵机一动，说："这些东西这么新鲜，等会儿给我装上些，我带着。"母亲听了这话高兴得不得了。袁老师想，小静家是农户，能有人喜欢这些农家特产，自然从中找到了自尊。

临走，娘儿俩果真给袁老师装了满满一袋子农产品，袁老师吃了好几天。此后，袁老师偶尔跟小静家索要东西（当然仅限于时令农产，如花生、地瓜等），这样，当袁老师给小静一箱牛奶、两袋高档水果等时，小静也能心安理得地接受。小静能感受到老师是在帮她，但她不拒绝，也不难为情，礼尚往来嘛。后来，他们的关系越来越密切，如同亲人，她甚至还曾经主动跟袁老师要过好吃的。许多同学也效仿袁老师的做法，特别是小静的舍友们，她们团结得像一家人。

这位班主任，确实煞费苦心。他之所以这样做，完全是为了给学生以自尊。其实，谁都明白，那些玉米、豆角、茄子，值不了几个钱。这是一位班主任的智慧使然。

赠人玫瑰，手有余香。在学生困难的时候伸出援助之手，特别是尊重对方自尊的做法，不仅让学生，也让自己心里感到温暖。学生到底向什么师，他们心里不糊涂。独立判断，让他们心明眼亮。

尊重学生个体的选择

学生是受教育的主体，更是发展的主体。这是我们首先必须明确的，否则，班主任就难以与学生和谐相处。把学生当作主体，就是不要轻易地否定学生，不要轻易地干涉学生，乃至掌控学生的思想和行为，要给他们自由选择的权力。学生是具体的，选择也是具体的。尊重学生就是要尊重每个学生自己做出的选择。

今天，是一个多元化的社会，社会舆论多元、利益多元、价值观多元、社会生活多元、社会组织多元、思想与政治理念多元。此时，班主任要理解、尊重学生的选择。

近日，一篇《不要打太极，愿得一正面回复》的网络热帖，曝出某中学学生联名要求"罢免"班主任的"逼宫"大戏。帖文称，在该中学，班主任王某上课期间辱骂学生，并有暴力倾向，引发该班学生不满。该班学生向校方反映后，仍未彻底改变王某的"陋习"，于是学生们写了封信给校长，超过半数学生在上面签字，要求调换班主任。记者就此事采访到该校校长，他认为，"如果因为个别学生对班主任有意见，学校就更换班主任，不仅不利于正能量的传播，也不利于学生的发展"。

我国《未成年人保护法》第 14 条规定：学校应当尊重未成年学生的受教育权。《义务教育法》第 29 条也规定，"教师应当尊重学生的人格，不得歧视学生，不得对学生实施体罚、变相体罚或者其他侮辱人格尊严的行为，不得侵犯学生合法权益"。应该说，规定是明确的，但保障和实现上述权利的具体制度，却还并不完善。学校不同意学生的请求，暴露出了学校在尊重学生权利上的不作为。

很明显，那位班主任，没有把对学生的尊重放在应有的位置上，在他那里，学生连人格都受到了侮辱，还谈何教育？

目前，我们学校中尊重学生的选择，有一条还没有完全实现，即学生选择教师，选择班主任。如果学生有了这样的权利，就能够促进教师提升自身的修养，提升教师的形象，让学生在心情舒畅中接受教育。

几年前，江苏省沭阳县怀文中学进行过一次以班主任配备作为切入点，学生自下而上选择班主任的改革尝试，具体情形如下。

一、改革实验步骤

第一步，毛遂自荐，教职工推荐。暑期中，学校根据班级数、公布岗位、承诺待遇、宣传发动，要求教师自愿报名。与此同时，全校教职工推荐，学校根据报名和推荐情况，由年级提出聘任人选，政教处进行考核后，报校长室研究决定。

第二步，进行试用，多方反馈。班主任初步人选确定后，试用期为两个月，同时配备助理班主任。试用期结束后，学校听取学生、学生家长、任课教师、年级组等意见后再发聘用书。

第三步，学期考评，学生选择。一学期下来，应该说，学生已经熟悉了解班主任了，学校从各方面对班主任进行考核，并将班主任一个学期的工作实绩向全班公布。在此基础上，向学生发放《选择班主任意向书》。为了保证学校教学工作和班级的稳定，并考虑学生对老师的熟悉程度，学生选择的范围是班级所有任课教师。学校根据选择和考核情况，决定聘用人选，对得票第二位者，聘为助理班主任。这样两个学期，我校学生选择班主任的实验工作得到了落实，目前有两名班主任落聘。

二、改革实验效果

1. 调动了班主任工作的积极性和主动性。这项小小改革彻底改变了以前少数班主任工作被动应付的局面。一方面由于选择聘任增加了班主任的压力。

另一方面由于学生的信任,增强了班主任的工作动力,激活了班主任的工作活力。因此,一个多学期来,学校的班级管理工作井然有序,进而带动全校的德育管理工作,学校被评为市德育先进学校。有18名班主任(共55个班)被评为校、县优秀班主任。

2. 改善了师生关系,增强了班级凝聚力。由于唤醒了学生的主体性,发挥了学生的主体作用,自己选择的班主任,学生信任,教师感动,拉近了师生距离,增强了信任感,和谐了关系,产生了强大的向心力和凝聚力。因此,一个多学期来,学校涌现了一大批先进班级、文明班级。

3. 提高了素质,锻炼了队伍。由于实行了学生选择班主任和助理班主任制,促进了班主任向实践学习,向理论学习,不断提高教书育人的水平。助理班主任制又锻炼了一批班主任后备队伍,为班级管理工作和学校德育工作的可持续发展奠定了基础。

学生的选择,给教师带来了压力,也形成了相应的动力。它促使教师努力做好班级工作,拉近了与学生距离,彰显了班主任的个人魅力。

需要指出的是,班主任尊重学生的选择,并不是无原则的,还必须尽到教师引领、指导的责任,让学生树立正确的世界观、价值观和人生观,心中有杆秤,明白什么事该做,什么事不该做,要有基本的底线,并不是学生的任何选择都必须去尊重,去顺应,乃至去附和。若班上学生的选择在价值观上出了问题,班主任有权力也有责任去制止,去批评,去引导。否则,就是失职。

三、真情未必唤得三春晖：给真情加点"糖"

教育是育人的事业，是以人的健康成长为根本宗旨的人际交往活动。哪个班主任在与学生的交往过程中，不希望用自己的真情去唤醒那些沉睡的心灵，从而使他们健康前行？每一位班主任都希望用自己的真性情去面对学生，去唤醒他们，从他们身上看到自己的付出所产生的巨大影响。

但人的复杂性，让班主任们的美好愿望常常落空，很多时候，现实会残酷地击碎他们的梦想。

真情未必真赢

在天津市 2007 年教育工作会议上，时任天津市教委主任的何致瑜讲了这样一段话："最近，有一所学校做了项调查，结果是，90％的教师认为自己热爱学生，而 90％的学生认为教师不爱自己。"

针对这一现象，何致瑜说："要把人文关怀作为建设和谐校园的根本。当前，人文关怀已成为全球教育界的共识。用良好的师德影响学生，用大爱之心感染学生，体现了教育的本质规律。两个 90％反差何等之大！学生爱不爱教师、爱不爱学校，实际是学校教育成败的试金石。如果学生都不愿意接近教师，怎么能体现人文关怀？怎么能达到教育效果？"

班主任或教师对学生的关心与关爱，学生未必就能够体会得到，领会得到，所以，有的学生对班主任或教师就基本没有什么好感。对有的学生而言，不与班主任作对，就已经是对得起人了。这不是低看了一些学生，而是一部分学生的现实。

世界上有一些事情是非常让人伤心或感念的，你付出了，却被别人埋怨乃至怨恨，这是其中的一种。但我们是班主任，是教师，对学生的不理解，甚至怨恨，却不能记恨在心，应该以一颗平常之心，去对待他们，去感化他们。

这才叫做伟大。

有人说，班主任关心的是他人的孩子，得到的却是他人孩子的怨气。这话说得有点偏激。不过当班主任的教师，确实应该有良好的心态，不因学生的不理解而生气，而发火。班主任应该拥有良好的心态，要有耐心。有良好的心态，就能够包容学生，有耐心，就能够静待花开，一急，就出问题。个别班主任就是因为性情急躁，容易冲动，才导致师生冲突。一位班主任，如果老想着自己付出后就能得到回报，那就大错特错了。当然，这里的回报，指的是学生的体谅，学生的理解，而不是物质的赠予。

真情易导致专制

近年来，教师体罚学生的现象时有发生。这的确是很值得深思的问题。为什么此类现象屡屡发生？原因是复杂的。但有一点是不可忽视的，那就是：那些教师，或者是班主任，他们大多都是恨铁不成钢。这其中，就包含了教师们对学生的真情，对学生的爱。而且，越是对学生付出了真情，付出了真心的班主任，越容易导致强迫学生的现象发生。一位称职的班主任，总是希望自己班上的学生表现好、学习好。一旦发现学生表现差，如果学生一脸的无所谓，他们就非常生气，乃至愤怒。而学生一对抗，班主任就可能容易失去理智，冲突就可能随即发生。即便是不发生冲突，至少会加强管理，加强控制。他们从内心希望学生完全按照自己所设计好的模式去实行。一旦出现意料之外的言行，学生不听话，专制就可能更强烈，矛盾就可能发生。而且，这样的专制大多都是在爱的名义下实施的。

这里，分明都内含着一个响亮的因素：爱，也就是真情。

那么，教师的爱是如何导致了这些人们不愿意看到的结果呢？仔细分析，至少有以下途径：

爱等于负责，负责等于加压。我们向来都有这样一种观念：爱就要对其负责。亲子之爱是这样，夫妻之爱是这样，教师之爱又何尝不是这样？你爱学生，就要对学生负责，对他的成长负责，否则就是失职。这几乎就是中国人对教师的角色期望。

现实中，教师对学生负责，就是对他们的成长，对他们的未来负责。而更为现实的是，这种负责最终转变为升学考试的分数。所以，有人就干脆用了一个这样的公式来概括爱、真情与负责之间的关系：爱、真情＝分数。而且，爱得越真，分数就应该越高。

这种爱和真情到了最后，就直接把学生逼到了狭窄的考试的路子上去了。这虽然不是直接的行为上的暴力，但这却是对学生心灵上的摧残。更为重要的是，在这样紧绷着弦的状态下，师生矛盾有可能一触即发。

有这么几句诗，巧妙地揭示了这种暴力的意蕴：

"当思想不自由时

教育，就是暴力

当话语不自由时

诗，就是暴力

当身体不自由时

爱，就是暴力"

所以，仅有爱和真情是不够的。

不恰当的爱和真情容易导致专制，而专制型班主任的特点是以严格著称。"严"字当头，信奉严师出高徒。"严"才是对学生负责。平时，班级里的一切事务，都是班主任一个人说了算。对学生动辄呵斥，乃至谩骂。一天到晚板着脸孔，难得见到脸上的笑容。他们即使不到班上来，但班里的一切井井有条，因为在学生们的头上，时刻仿佛悬着一把剑。学生一旦有什么不良行为被发现，或者被反映到了他们那里，学生将会受到严厉惩罚。学生生活和学习在高压之下。而一旦班主任不在场，学生就有一种放松的感觉。

这其实是对学生的一种约束，学生的身心发展受到严重影响。

专制型的班主任，可以说，就是因为太在乎学生了，他们以为只有这样的管理，才能使学生听话，学生才会有出息。至于学生的感受，学生的意见和建议，他们从来都没有放在心上。

实际上，在没有必要专制的时候实行专制，是专制型班主任的最主要的特点。习惯于实行专制的班主任，就是在本来可以不专制的时候也实行专制，以显示自己的权威。

爱与真情容易合谋。中国古人云："父母之爱子，则为之计深远。"孩子小的时候，生活在家庭，生活在父母身边。这样，他们便在父母的疼爱之中度过。上学后，他们离开了父母，教师替代了父母，成了孩子的教育者与监督者。可是，父母对孩子的教育与监督之责并没有因此而失去。但他们对孩子的很大一部分职责被转移到了教师头上，有时，他们甚至可能鞭长莫及。于是，合谋便开始了。

教师与家长，家长与教师，我们简直说不清到底谁是主动者，谁是被动者。他们之间甚至只要一句话，一个电话，乃至一个口信，不需要仪式，也不需要协议，合谋就可以成功。更让人感到不可思议的是，这样的合谋，配合竟十分默契。这样的合谋，双方都是在"爱"和"真情"的名义下，按照他们的共同理解，对孩子的未来进行设计，而后是要求，甚至强迫孩子接受，并沿着他们设计的路子走下去。

由于有了教师与家长的双方控制，学生的自由空间就更小了，专制产生了，暴力就是必然的结果。

必须指出的是，暴力，有硬暴力与软暴力之分。通常，硬暴力指的是行为上的暴力，而软暴力则是指对学生的心灵上施加的压力与摧残。

由此，我们可以这样认为：学校教育中，爱和真情都不是万能的，但没有爱和真情也是万万不能的。

教师的爱，教师的真情，是成年人对未成年人的理性的爱，仅有感性的爱是不够的。感性的爱，还必须有理性的渗透。马卡连柯说，教师对学生的爱"是一种伟大的感情，它总是在创造奇迹，创造新人，创造人类最伟大的珍贵的事物"。同时，他还告诫我们，这种爱"也是要求有分量的，有尺度的"。这里的"尺度"，指的就是理性。

人本来就是理性的存在物，人的存在，理性的价值是多方面的。哲学家里克曼说过:"理性具备有效地选择手段的能力;理性能够协调个人和社会的生活;理性把探求知识作为一个重要的社会目标;最后,理性是所有具有社会意义的主题的独立的道德源泉。"理性在学校教育中的价值是多方面的。这里所列举的,也正是爱学生的教师所需要的。教师在教育过程中的爱的行为与过程,如果能够常常以理性作为衡量的标尺,其意义及作用恐怕还要大得多。因为理性的头脑让人冷静,让人头脑清晰,行为理智。

与专制型班主任相类似的是保姆型班主任。保姆型班主任很勤奋,几乎每天都可以看到他们在教室里。学生还没有来,他们先来了,学生走了,他才离开教室。有的班主任甚至还把自己的办公桌直接搬到了教室里。其他教师在上课的时候,他们还在教室里备课。

这样的班主任,大多都管理乏术,不明白班级管理的真正要义,从而把自己定位在保姆的角色上,试图用自己的真诚和真情来赢得学生的好感。学生有时也可能会被教师所感动,但在大多数情况下,则无动于衷。更多的,则是受压抑的感觉、受监视的感觉,对学生的成长也不利。

保姆型班主任其实与专制型班主任差不多。保姆型班主任大多性格比较随和,但对学生不放心则是一致的。保姆型班主任之所以一天到晚呆在教室里,就是因为对学生不放心的缘故。而对学生的真情则是相同的。也正是因为太在乎学生的缘故,所以才把学生看得死死的。

在这样严格的监督之下,学生就基本上失去了思想和行动的自由。此类班主任,对工作极端认真负责,常常被领导和家长们视为班主任的榜样,殊不知这也是对学生的不尊重。试想想,在此严格监督之下,学生会欢迎这样的班主任吗?班主任在场和班主任不在场,恐怕就是两种完全不同的面孔了。班主任在场,学生可能规规矩矩,一旦不在场,可能就乱成一锅粥了。

在此情形之下,班主任的真情与付出,不可能获得对等的回报。

找准契合点

网络上,有一篇文章《班主任要学会寻找与学生谈话的契合点》被广泛转载,谈的就是班主任在与学生谈话时,如何找准教育、引导学生的契合点,其观点值得借鉴。

喜悦心理——醒悟点

喜悦心理，一般出现在被评为"三好""优秀"和新生选为班干部或学生会干部，以及由原来的一般的班干部调整到较重要的职务的学生中。因为他们平时对学习、工作表现出色，威信较高，有时尽管班主任在与他们的谈话中还没有道破意图，但他们能够根据某些迹象进行推测，估猜谈话一定会体现全班同学和班主任或学校对自己的信任，因而表现为心情舒畅、精神振奋、谈话投机，能愉快地服从班主任或学校的决定，比较容易接受指出的缺点。在同这类学生谈话时，可以开门见山，迅速入题，直接挑明班主任意图，从而指出其醒悟点，一是自身应克服的弱点，二是提出更高的要求。

恐惧心理——闪光点

恐惧心理，多因较严重地违反了学校规章制度或班上公约，担心受到学校或班上处分。其表现是情绪低落，意志消沉。谈话时，脸红心跳，手足无措，沉默寡言，怕提旧事。班主任与这类学生谈话，首先要实事求是地挖掘他过去学习、工作中的闪光点，加以赞扬，激励他振作精神，同时指出其努力方向。其一，肯定成绩和优点；其二，寻找进取的途径和方法。

对立心理——贴近点

对立心理，一般出现在已受处分的学生身上。他们对学校或班主任的决定不满，认为是某人有意整自己，处分过重，常常找上门来申诉，甚至抗争。由于这类学生的个性特点、社会经历、家庭教育、思想修养的差异，在情感的表达方式上也不尽相同，有的滔滔不绝地倾诉心中的不快，似有万分委屈；有的话中带刺，含沙射影，大发牢骚。在与这类学生谈话时，要笑脸相迎，热茶一杯，促膝相谈，耐心倾听，积极找准贴近点，尽快缩短心理距离。

1. 经历贴近法。班主任应尽可能多地熟悉被谈话学生的基本情况，以自己或朋友的类似经历为谈话内容，寻找共同语言，使学生产生贴近感，引起情感共鸣。

2. 心理贴近法。针对学生的心理个别差异，选择不同的话题，以适合谈话对象的兴趣、性格、能力等，使学生乐于接受班主任所言之理。

在谈话投机，气氛和谐时，将学校或班上的决定解释清楚，若有误差，可以根据有关规定予以调整。若遇胡搅蛮缠者，则应严肃批评教育。如果出现僵持不下的局面，可以暂时中断谈话，冷却一下，缓和气氛。中断谈话后，要进一步了解情况和沟通意见，从中找出解决问题的最佳途径。

自弃心理——内燃点

自弃心理，多出现在学习不够认真，成绩较差，组织纪律观念较为淡薄，屡遭批评，教师和同学们另眼相看，或班主任关心不够多的学生身上。持这种心态的学生，自尊心减退，情感淡漠，缺乏朝气和信心。应多找这类学生谈话沟通。谈话中，先是找准"内燃点"，激其自燃，而后再提出要求，加以引导，促其振奋。当然，与这类学生谈话，一次未必能完全奏效，有必要跟踪谈话。要想触及这类学生心灵，引起反思和彻悟，可以从以下"三心"处谈起。

第一，从痛心处谈起。要对具体问题作入情入理的分析，循序渐进地启发诱导，使其忆往事作反思，诱发其悔恨感。

第二，从寒心处谈起。这就要联系其实际困难和问题，做好解释说明工作，对其提出的问题，尽可能予以答复和解决。

第三，从灰心处谈起。这类学生因对班主任和其他教师、全班同学的期望值逐渐降低，产生心灰意冷感。谈话中，班主任应设身处地帮助他们分析原因，消除误会，增进理解，燃起其心中发奋之火。

无所谓心理——扬帆点

无所谓心理，常出现在认为自己在班上不前不后、甘居中游的学生，或认为自己功劳不大、苦劳不少、久任班干部的学生身上。这类学生自我奋斗精神不强，学习、工作标准不高，只求过得去，班主任不找他，他也不找班主任，对班主任的谈话，不积极也不消极，但只要班主任能把集体的温暖、教师的关心送给他，对他信任和支持，他就会扬起风帆、加足马力、拓展前进。对这类学生，班主任应经常利用课外时间，班上举行的文娱、体育及校外游览等集体活动的机会，主动接触，沟通感情，启迪思想，打气鼓劲，开启动力。

契合点也被称为切入点，是解决系统矛盾的着力点。任何矛盾，不仅仅要找到解决办法，还要选好时机和运作的着力点，即什么时候用力和在哪个地方用力。教师的真情，班主任对学生的关爱，也必须找到契合点，才能取得真正的效果，否则，就会事倍功半。如果找不到契合点，就好像一个大汉的拳头打在了一团棉花上，有劲无处使。找到了契合点，就找到了有效出击的目标，进而可以推动整体矛盾的解决。以上的几个点，应该说，就是抓住了教育、引导学生的契合点。班主任在深入观察、了解学生的基础上，才能发现并抓住这样的契机。例如"喜悦心理——醒悟点"。实际上，每所学校，每个学期都在表扬奖励优秀学生，但很少有班主任会在这个时候对学生表示祝贺，提出更新更高的要求。因为对一些班主任而言，表彰与提拔，是他们司空见惯的事情，在这方面，他们的神经可能也已经麻木了，难以激起情感的波澜。但对学生而言，就不一样了。在他们的求学阶段，或者在他们的人生当中，可能是一段非常重要的经历，一个非常重要的关口，甚至有可能是他们人生的一个转折点。班主任稍不留意，就可能失去了一个重要的契机。机不可失，时不再来。一些机会，失去了可能就很难再弥补了。

对症下药才会赢

一位班主任对班上的不同学生，采取不同的策略，收到良好的效果。

1. 吸引住有头脑、有思想的智慧型学生。由于这一部分人往往是班级的中流砥柱，所以要凭班主任的实力去征服他们，让他们真心佩服甚至崇拜自己，心甘情愿受教师调遣，为班级、为同学服务。

2. 保护住忠厚老实，除了学习差些什么都优秀的学生。这部分学生任劳任怨，但却往往因学习成绩不理想而不被教师重视，班主任一定要善待他们，树立他们的威信，因为他们是正义和善良的化身，是衡量班主任是否处以公心的标尺。

3. 控制住骄傲自大型学生。这类学生往往成绩不错，却华而不实，目中无人。帮助他们的办法可以让他们与最优秀的人竞争，挫一挫他们的傲气；然后利用他们的自大把不易开展的工作交给他们做，帮助他们正确认识自己，培养脚踏实地、谦虚谨慎的学习工作态度。

4. "拉拢"住调皮捣蛋的讲义气型学生。这类学生表面的调皮捣蛋是为了掩饰内心的空虚，而往往死要面子，讲点儿哥们义气。跟他们打交道，不能一味采取高压政策，考验的是班主任的耐心与智慧。班主任要取得他们的信任，与他们交朋友，宽容他们身上的小毛病，一般情况下顾全他们的面子，个别谈心，帮助他们改正自己的毛病。

5. 感化软硬不吃，屡教不改型学生。面对这一群体，教师要有打持久战的准备。这也正是耗费精力最多的一群，正所谓90%的精力用在这10%的学生身上。感化这部分学生必须借助学校及班级的力量，让他们孤立无援，在班级中没有施展的舞台。在他们感到孤独或者学校要处理他们的时候，班主任再充当"好人"，救他们于水深火热之中，和其他同学一起真心真意地去关心爱护他们，让他们感受到集体的温暖，给他们希望。

"特别的爱给特别的你"，班主任要根据不同的对象，实施不同的策略，付出自己的情感，采取不同的工作态度与方法策略，学生在领会到班主任的真心实意之时，才会真心对班主任产生感激之情。

公平对待班上的每一位学生，曾经被视为班主任对学生一视同仁的表现。但那只是一项基本原则，一种人格上的尊重，而不是针对不同学生的不同需要情形下的具体策略。

高尔基说：单纯的溺爱孩子，那是母鸡都会做的事，关键是如何教育孩子。班主任的爱，班主任的真情，都重要，都需要，但仅有这些还远远不够，还必须学会爱，学会付出真情。比如初中三年班主任工作的侧重点就应有所区别。

初一学生热情单纯，对感性的东西比较容易接受，在凡事都明确目的的前提下，班主任加以情感投入，把握时机，可以使学生在短时间内学会谦虚做人，善待他人，懂得感激、自我管理、自我学习。

初二阶段以思想工作为主，重稳定，防分化。初二的学生是叛逆心理最强的一个阶段，极易同教师发生冲突。面对学生的这种躁动，班主任自己首先要摆正心态，学生出现叛逆行为的同时，说明他们正在维护自己的尊严，证明他们有上进心，我们切不可觉得他们大逆不道，小题大做。正所谓忍一时风平浪静，退一步海阔天空，事后晓之以理，动之以情，更会深入人心，产生震撼力，并可以教会学生为人处世、工作、学习的态度。

初三面临人生的第一次抉择，这些未尝过生活酸甜苦辣的孩子们，开始直面人生的竞争。为了能充分调动他们的学习积极性，班主任可以采取多种方法，按不同层次把成绩好的同学分成小组，四人或六人一组，每人准备一套不同的练习册，每人做的时候，都要对重点题、难点题、易错题进行标注，然后每周一轮换，这样就减少了很多不必要的重复，而且对易错题又不容易遗漏，这一措施特别有利于尖子生的培养。另外，班主任还要注意在每次考试卷面上体现该生的名次，让他们对自己有正确的判断，并为他们树立要追赶的目标，这个目标有时就成了师生之间的小秘密，激励学生不断进步。对学习稍差的学生，主要是帮助他们把握好教材，从基础入手，抓住应知应会的重点，力争实现突破。

长期以来，我们在班级管理中，针对不同的学生采取不同的对策进行引导和教育，而比较少针对不同年级学生的特点分别采取不同的措施进行管理。在很多情况下，尽管一些教师付出了心血，却得不到学生理解，因而造成了不少的误解。

"年年岁岁花相似，岁岁年年人不同"，作为一名班主任，与时俱进，开拓创新，用变化的眼光看待问题，用创新的思路管理班级，是应有的心态；不能总是一根粉笔、两袖清风、三尺讲台、四季迭更。实际上，班主任一个小小的微笑，一次莫名的感动，一节民主的授课，一堂活泼的班会，一场师生同乐的活动，一台别开生面的联欢，一次情不自禁的握手，一次真情流露的拥抱，一封心灵相通的短信，一声病中及时的问候，一行发自肺腑的评语，一番语重心长的谈话，一句善意的谎言，一回放下师道尊严的幽默，在不经意间也许就会产生巨大的力量，给我们一个奇迹。

解学生之忧

管军是一名初三学生，学校在暑期开始上课，可是他上了四天就回家了，没有和任何人请假。是什么原因使他离开呢？班主任第一次来到他家。他家关着门，邻居说他的父母白天打工去了，晚上才回家。

吃过晚饭后，班主任又来到他家，恰巧他的父母也在家。他父母亲反问老师：管军为什么不去上课？是不是老师打了他？还是他和同学发生了矛盾？管军从房间出来，班主任问他是不是家里有困难？可是他什么也不说。他父亲说管军自己不想上学了。

回到学校，班主任想了许多：管军可能是压力大了，需要给他减负。第二天晚上，班主任第三次来到他家。见班主任又来了，管军很不好意思。他父亲告诉班主任，管军说自己想学习，可是害怕学不好，家中还欠债，父母又挣不到什么钱，想自己打工来减轻父母的负担。班主任当即表扬他是个好孩子，可是做法不对。接着，老师给他讲了许多道理，告诉他学习比挣钱还重要。他似乎明白了。班主任立即叫他第二天上学，免补课费。他点了点头，并说今后一定要好好学习。

果然，第二天管军来学校了。后来，他学习很认真，表现一直很好。

表面看来，班主任的真心呼唤，终于让那位辍学的孩子重新背起了书包，走进了校门。其实，这里除了班主任的真情之外，还有免除补课费的优惠。可以看出，家里经济状况的困窘，是管军辍学的根本原因，只有解决了这个根本性的问题，才能让他产生重新上学的愿望。班主任就是在这个真正的拦路虎面前，打开了一个口子，才让管军看到了一线希望，否则，任凭老师再多的付出，再勤快的脚，恐怕也难以唤回。

当人们在叙述这个故事的时候，总是夸大教师情感的作用，主观地认为是教师的情感起了决定性的作用。殊不知，还是经济基础的内在作用，才让他们全家解除了沉重的心理负担，让他们终于松了一口气。

春季是疾病的高发期，孩子感冒的比较多，应老师每天都要数次询问学生的身体状况。每天吃过中饭，他总是亲自喂药给生病的孩子们吃。晚上，还要给生病的孩子家长打电话询问孩子的情况。班里有一个学生被烫伤，一个起水痘，都在家休息近一个月，来了之后跟不上课程。应老师利用午休和下午大课间时间为他们补课，让他们及时跟上进度。

学生在校，远离家庭，远离家长，他们就很有可能感到无助。尤其是在一些特殊的情况下，如果班主任不伸出援助之手，给他们以家的感觉，他们就更感到孤独了。

学生在学习和生活中，很有可能会遇到这样那样的困难，这些困难很有可能会成为严重的障碍。班主任此时就应观察到，感觉到，并及时给予切实的帮助，让学生轻装前行。

给真情加点"糖"

开学第一天，孩子们对班主任贾老师充满了陌生感。第二天，贾老师正在讲课，一个女生突然哭了，老师停下课，耐心询问："孩子，哪里不舒服吗？需要我的帮助吗？""我……想蒋老师了……"旁边的几个同学受到感染，眼圈红红的，噙满了泪水。这就是孩子们的真情流露，我能阻止吗？不能！我能生气吗？不能！贾老师想，我还能继续上课吗？不能！于是，她停下课，问："同学们，你们想蒋老师吗？""想！"同学们异口同声地回答。"老师感受到了，你们是有情有义的人，是知道感恩的孩子，这样吧，你们把心里话写下来，表达你们的思念之情。教师节快到了，我会把你们写的文章装订成册，作为节日礼物寄给蒋老师。"接下来，教室里传来了沙沙的书写声，伴随着轻轻的啜泣声，孩子们堆积了四年的师生情，此刻全从笔尖流泻出来。贾老师悄悄地走出教室……

第二天，待大家尽情地抒发完自己的情感，心绪平静之后，贾老师问："孩子们，你们想想，蒋老师会希望你们怎样上课？""认真听讲！""好好学习，天天向上！"此刻，贾老师顺势引导："对呀，你们要把思念之情化作学习的动力，用优异的成绩回报蒋老师。"后来，贾老师把孩子们的作文装订成一本书，封面写上"难忘师恩"，同学们在班上传阅后，寄给了蒋老师。蒋老师收到后，激动地说："这是我收到的最珍贵的礼物，最让我感动的礼物，我将永远珍藏。"

这是一位很成功的班主任，她把学生对教师的思念之情变成了学生努力前进的动力，是非常巧妙的一个教育举措。

这个举措中，有教师的真情，更有教师的智慧，而正是教师的智慧，才成功扭转了这一尴尬。这个时候，贾老师如果一声呵斥，或者一阵同情，那仅仅是情感上的，最多可以让学生暂时中断思绪，或者博得学生的好感，但难以转化成学生前进的动力。贾老师的聪明智慧之处就在于化不利因素为有利因素，心里拥有资源意识，才能点铁成金。这就是真正的本事，真正的功夫，真正的教育智慧。

小黄同学从小学到中学，从没有在班级中担任过任何职务，原因是他成绩很差，而且纪律方面也经常出问题。到江老师班上后，江老师给了他一项特殊工作——专门管理班级学生的自行车棚的摆放、安全和卫生打扫。也许从来没有被老师看重过，第一天，他扫得非常干净，自行车也摆放得整整齐齐，老师表扬了他："做事情很认真，是个好学生，是金子一定会发光的，继续努力好吗？"结果几周下来，他不仅工作做得非常棒，而且在学生会每次卫生检查时都没有被扣过分。一次，在全体学生早间集会的时候，政教主任面向全体学生表扬："全校这么多班级，只有803班的自行车棚最干净、摆放最整齐，你们要向他们学习！"小黄同学笑了，笑得很灿烂，也很满足。此后，江老师一直暗暗地鼓励他、引导他、培养他，新学期，委任他做班级卫生委员。小黄变了，学习认真了，遵守纪律了，待人和气了，工作也干得出色。

江老师对学生的真情，包含着信任，包含着重用，让小黄重新认识了自己，发现了自己的潜能，从而发扬光大，让他自己的能力得到了发挥。可以说，正是那一份信任，让小黄看到了希望，看到了前途，更看到了光明，从而振作起来，奋力前行。

班主任或者任课教师，对学生的真爱、真情，大部分学生能够体会到、领会到，并给以回报。对个别仍旧无动于衷的学生就还需要其他因素的介入。

高老师班有一个男孩子吴辉，生活在一个特殊的家庭。继父是个暴躁的人，对他轻辄骂，重辄打。他缺乏安全感，经常对同学动手，逆反心理极重。这几天他经常迟到，对老师的批评与规劝充耳不闻。高老师打电话了解了情况，原来他父母因为工作回家都很迟，他在家就要做家务，很迟才能写作业，影响了睡眠和第二天的上学。高老师知道了这个情况后，经过一番思量，进教室后真诚地对学生说："你们知道吗？每天晚上，当你们进入甜甜的梦乡的时候，吴辉还要自己煮饭吃，自己烧水洗漱，还要打扫卫生，最后才能写作业。你们说，做了这些事情后，他能按时起床吗？难怪经常会迟到了。我决定从今天开始，每天支持他四毛钱，让他打两瓶水，省去烧水这一工作的时间，我想他今后再不会迟到了。"说完掏出四毛钱硬塞进吴辉手里。下课后，吴辉把钱悄悄地放在高老师办公桌上，一句话也没说就走了。但从此以后，他再也没有迟到过，有时还会帮老师收发本子，打扫卫生，甚至还会站在学校门口等老师一起进教室。高老师惊喜地发现了他的这一变化，末了，还不忘表扬一句："会做事的孩子就是不一样，做什么事都让我放心。"

　　班主任的真情付出，一定要有具体的实际行动，否则，就只是空头支票，感动不了学生。班主任在付出真情的同时，还需要付出勤劳、智慧、理性等。所以，只有真情是不够的。

四、走出分数至上的阴影：班主任工作不能化简

"分、分、分，学生的命根"，不知从何时起，分数成为衡量学生的唯一根据，成为教育的第一标准。为此，班主任工作的第一要务，就是抓成绩。学生的成绩上去了，班主任的工作就算成功，否则，就是失败。

在班级管理中，如果只关注分数，就容易忽略其他。班主任一定要把眼光放长，放远，班主任眼里有了人，才能走出分数至上的误区。

会抓分数就是好班主任

在中国，教师的工作成效，在很大程度上被简化成学生的考试分数。任何一位教师，任何一位班主任，不论你工作态度，工作水平如何，也不管你是什么职称，只要学生能在考试中考出好成绩，你就是好教师，只要你的班上学生成绩比别的班好，你就是好班主任。否则，你就什么也不是。

这就有点类似于体育运动。本来，开展体育运动的目的只有一个，那就是强身健体，使人有强健的体魄。可是，不知从何时起，我们的体育运动，被竞技体育所垄断，目标只剩下奖牌，而且是金牌。现在，我们看一个地方的体育运动开展的成效，往往就是看该地方能够在大型体育比赛中，拿到多少个好名次，特别是冠军的数量。我们总是把拿到多少个冠军、多少个亚军，作为衡量一个地方体育工作唯一的指标。结果，整个体育工作，就被简化成了金牌、银牌的数量，简化成了竞技体育。

目前，我们的学校教育工作也一样，目标太明确，明确得只剩下了分数。结果，就仅仅为了实现这一目标而奋斗而拼搏。

在此压力之下，班主任工作核心就只有分数了。对班主任而言，只剩下

这一个目标，说简单也简单，而且，越临近中考、高考，越是如此。为了抓住这只好猫，班主任就一心一意，为着实现这一宏伟目标而殚精竭虑了。

我们说，教育是育人的事业，是把育人作为最终目的的奠基工程。而且，教育所育之人，应该是整体的人，完整的人。英国著名历史学家汤因比博士认为，"教育应该是一种探索，使人理解人生的意义和目的，找到正确的生活方式"，"这种精神上正确的生活方式基本上是所有人共有的东西"。我们的教育就是要培养这种精神的东西。这是根本，是基础。

可是，我们目前的教育，恰恰把这最为重要的东西给化简了。不论是从受教育者个人来说，还是从一所所学校来说，抑或是从整个教育来说，精神的东西都基本上被化简了，剩下的，仅仅是那些非常具体的、操作性强的、能带来眼前实际利益的因素。

在教育目的上，完整的人被简化成了功利的人。所谓完整的人，指的是具有丰富的精神世界、高尚的思想情操、崇高的人格风范、懂知识、有能力的人。而且，应该把丰富的精神世界放在工作的首位，知识的传授、能力的培养，应该是这个前提下的工作。

日本著名的社会活动家池田大作，在谈到现代教育时这样进行了评价："在现代技术文明的社会中，不能不令人感到教育已经成了实利的下贱侍女，成了追逐欲望的工具。"人成了工具理性的产品，精神不见了，人格萎缩了。剩下的，只有那一点点为了实际利益而进行追逐的知识技能，人也就成了真正的"单向度的人"。

某学校为了鼓励督促班主任积极履行职责，提高班主任工作质量，根据班主任工作的有关规定，结合本校实际，提出如下奖励方案：班主任奖金采用百分考核制度。学习成绩占30分，班级日常考核占20分，每学期获得流动红旗面数占20分，公物情况10分，学期内学校组织各项活动占10分，任课教师民主评议结果占10分。

这所学校，对班主任工作的奖励，虽然考虑到了各方面的工作，比较全面地进行衡量。但学生的考试成绩是大头，占了30％的比重，可见其分量。学生的分数，直接影响到了班主任的经济收入，把班主任绑在了金钱与学生成绩这辆战车上，他们不可能停下来，只有往前冲。而往前冲，就是抓学生的成绩。

此外，还有政府的奖励。一些地方政府，为了鼓励本地学校高考考出好成绩，也会制定相应的政策，对优秀者给予奖励。校长、教师、班主任，是一定能够获奖的，只要学生考得好。

一知名高校附中教师介绍："学校每年高考有两个目标，一是基本目标，即教育部门根据中考学生分布情况划定的高考指标；二是理想目标，制定包括高考、竞赛、科技创新等在内的奋斗目标……我们也制定了相应的奖励措施。"

某市高考质量评价方案规定：未完成"一本""必保"目标的，给予相关中学通报批评；未完成清华或北大"必保"目标的，给予学校黄牌警告，学校领导班子成员本年度不能评先评优，同时处罚校长、书记、分管高三年级的副校长、分管高中教学的副校长和市教育局高考工作挂点领导1000元，处罚学校其他班子成员和市教育局高考工作挂点干部500元。

这样，政府压校长，校长压老师、压班主任。学生考试成绩好，分数高，班主任所获得的金钱奖励就越多，相反，就越少。相信只要担任了班主任工作的教师，都会去掂量一下其中的分量。于是，想方设法抓学生，"逼"学生就成了很多班主任的拿手好戏。

如此看来，班主任工作的好坏，将直接关系到学校领导，乃至政府在学校的挂点领导的政绩，更不用说钱数了。

分数之硬，就硬在分数面前人人平等。学校办学效益如何，领导是否治校有方，乃至学校的挂点领导是否得力，分数面前见分晓，分数面前见真功夫。在目前的学校工作评价中，拿分数作为硬指标，也最没有争议。因为你想拿其他方面的指标进行衡量，恐怕只会招来更多的非议，更多的争议。所以，分数还是成了大家最为认可的一项考核指标。虽然，我们在评价学校工作时，各地都拟定了诸多的指标，但最后起决定性作用的，还是考试。很多地方的教育行政部门评价下面的学校，尽管每个学期都要进行评估检查，但最后决定学校工作的"好"与"差"的，还是中考、高考成绩。如果一所学校平时工作做得好，抓得实，但中考、高考没有考好，将会被一票否决。这是现实。

当前，教育行政部门抓质量，尤其是抓教育质量，是必要的。抓教育而不抓质量，再怎么评价都通不过。问题在于我们把质量简化成了学生的考试成绩，成了分数。结果，质量＝分数。在此背景下，班级工作就是抓教学的工作，就是抓质量的工作，就是抓成绩的工作。政府、学校实施金钱刺激，进行激励。这样，班主任的工作就成了：学生成绩＝金钱。

分数的非正常效应

实际上，对教育而言，一所学校，乃至一个班级，学生的考试成绩，班主任与任课教师的作用，怎么强调也不算过分。但不可否认的一个事实是：从来都是高徒出名师，而不是名师出高徒。否则，为什么那么多的学校抢状元，抢高分学生？所以，理性对待学生考试的分数，理性对待状元，理性对待奇迹班，才是我们所需要的态度。

现在的班主任，对学生的要求已经越来越高，要求他们在考试中拿高分，是普遍现象。再加上从孩子上小学一年级开始，家长就要求孩子拿"双百"；小学毕业时，要求孩子考上好初中；初中毕业时，则期望一定考上重点高中；高中毕业时，则一定要考上名牌大学。而这些，全是凭分数才能达到的。尽管有的地方，进行了招生制度的改革，开始关注孩子的实际能力，但在大多数情况下，还是考试分数说了算。

分数，让学生生活在忧愁之中，生长在恐惧之中。而让孩子有快乐的童年时代，健康的少年时代，应该是所有人的愿望。但现在，只能为分数让路。学生为分数而学，教师为分数而教，班主任为夺得分数高筹码而努力。这是当前中国教育的现状，也是班主任工作的唯一目标。

舞弊，则是分数追求的一个必然后果。为了得到高分数，个别班主任对班上学生的舞弊行为，睁只眼，闭只眼，放任学生作弊。有的班主任，甚至在安排学生考场座位上机关算尽。成绩好的与成绩差的搭配，为学生舞弊创造条件。哪个班级舞弊严重，哪个班级学生的成绩就好。时下，一些班级几乎是舞弊成风。有的学生，考试不舞弊是非正常现象，舞弊了，反而是正常的。试想想：一名学生，小学六年，初中三年，高中三年，整个基础教育阶段,如果都生活在一个舞弊的环境里,他还能形成优良的品德吗?他还能诚信吗?可以说,这是片面抓分数的最为严重的后果。

一次临近期末考试,偶然听见几个孩子在一起玩耍,他们在悄悄议论着什么。我走近他们,只听见一个孩子说:"我班主任在班上说,考试中能够舞弊考到高分,是你们的本事。"听后,我很惊讶。这是明目张胆地鼓励学生舞弊,鼓励学生弄虚作假,采取不正当手段获取高分。而在考前的座位安排上做手脚,为学生舞弊创造条件,那简直就是在教唆未成年人犯罪。

集体舞弊,让学校教育很受伤。考试作弊,对班主任而言,是一种对自我工作不信任的表现。因为感觉自己所带的班级可能不如人,只好通过作弊的手段达到或超过其他班级。作弊是一种不良道德,班主任失去了基本的做人的诚信,有违于教师的职业道德。与当前所强调的师德建设背道而驰,容易形成教师的双重人格。这种做法对学校教育,对班主任个人,都是极大的危害。同时,考试舞弊是对学习的一种本质性的否定。考试的原意是为了检验学生的学习效果,作弊得来的假分数,给人的只是一个虚假的表象,根本背离了检验的真意,从而使考试失去了真正的意义,变成了为一部分人谋取利益的途径。当然,它最大的危害在于使学生形成了不良品德,这是无法弥补的、隐形的危害,侵蚀了学生的心灵。

班主任工作不能化简

笔者仿拟了一首打油诗:

个性诚可贵,品行价更高;

若为分数故,二者皆可抛。

被化简了的班主任工作,就只剩下赤裸裸的分数教育了。这显然违背了教育的根本宗旨,也不符合学生成长的规律。更重要的是,忽视了完整的人的存在,好像学生的存在就是一个分数所代表的符号。同时,这样的化简,也扼杀了学生智能和情感的多样性。

班主任的心里,如果仅有分数而没有活生生的个人,那么,真正的人就会被分数所掩盖。尤其是那些有特长的学生。

特长生，基本上是不可能为班级争得分数的学生。就文化考试而言，他们可能还会拖了班上的后腿，如何对待他们，是考验班主任的试金石。一位班主任，如果眼里只有学生考试的分数，那么，很多学生就可能会在他或她的眼里成为另类，成为"垃圾"。好在很多学校，在学生接受基础教育的最后一个阶段——高中，办有特长班，让那些在文化科目考试中处于劣势的学生，也有了发挥自己特长的机会，从而获得了自己做人的尊严。

现在，特长生的培养已经得到了一线教师和学校的高度重视。这也告诉我们，在很多人的心里，并没有把分数看作教育教学的唯一，在很多人的眼里，除了分数还有其他，还有真正的人的存在。

很可惜的是，特长生的培养，仅仅局限于体育、文艺等学科的辅导上，而一些学校课程中还没有，但学生又确实感兴趣的内容，则完全被忽视。这与我们学校的条件有关，更与教师的观念有关。文艺和体育，是高考科目，学生可以通过辅导参加高考，可以上大学。最终，还是与分数有关。差别仅仅在于，一个是文化考试的分数，一个是特长考试的分数。这些年，国家为了鼓励特长生的发展，为他们今后的人生铺就一条成功之路，高考时，采取了为特长生加分的策略，让那些真有特长的学生，可以顺当地进入大学深造。运用的，还是分数这一杠杆。达到要求的，可以加一定的分数。这一措施，虽然使用的还是分数的手段，但毕竟为特长生开辟了一条通向高等学校的通道，也可以为班主任做学生思想工作时，多了一个鼓励他们上进的理由。

学生，作为人的存在，是一个个完整的人，仅仅用分数去衡量他们，就等于把他们进行了肢解，卸成了好多块。不能用分数衡量的，就被抛弃。

一个在大学里学习成绩非常优秀的女生被留校当了老师，直到现在她还做着教课的工作，已经被晋升为教授了。而另一个女生学习成绩一般，由于她是班长，经常参加各种活动，是公认的活动能力较强的人物。毕业后，她先后到了几个单位工作，都认为不理想，于是下海，自己办起了公司，当了总经理。她的公司越做越大，现在她在美国已经有几家小公司，拥有固定资产1000多万美元。十几年后的一次同学聚会上，教授和总经理见了面，教授说：你现在可以啊，成了亿万富翁了。而总经理则说：你的知识那么多，真正的富翁是你啊！

智商与情商，各有各的用处。智商高的人可以在专业里出成绩，而情商高的人却可以在管理运作上出成绩。而他们在求学期间，差别就大了。由于学校的考试科目，考的大多都是智力方面的内容，显然，智商高的人占了便宜。相反，情商高的人，其特长不在考试范围内，结果，考试的分数肯定没有智商高的人那么高。

你看，分数到底掩盖了人的真实内涵。

所以，班主任在工作中，还是应该把精力放在"人"上，而不仅仅是化简为"分"，只为分数而工作。

建立合理的评估机制

某校设置了班主任工作评估细则，考核内容分班主任自身建设考核和班级常规管理工作考核。

一、班主任自身建设考核（60分）

1. 两操及阳光体育（10分）。早操、课间操、阳光体育，班主任必须督促指导学生，每天至少参加一项，确保两操及活动秩序正常。

2. 班会（8分）。班会要按规定组织，每周一次，班会要有明确的主题，要解决一定的实际问题，要有班会记录。

3. 交送有关材料（10分）。班主任必须按要求完成和送交有关材料，政教处考核。

4. 班主任会议（10分）。按时参加会议，及时落实会议精神，安排班级工作。

5. 配合学校工作（12分）。班主任要服从学校安排，积极完成各项工作。

6. 查舍（10分）。午晚休班主任必须查舍，教育学生正常休息，确保休息秩序良好，每周至少3次。

二、班级管理工作考核（90分）

1. 安全工作（20分）。班主任必须对学生进行安全教育，并做好记录。

2. 纪律卫生工作（30分）。本项按教室、校园、宿舍三大块考核，各占10分。

3. 两操及阳光体育（30分）。由体育教师按照班级学生到位情况，纪律秩序，做操质量等情况进行考核。

4. 升旗（5分）。参加升旗活动，填写相关表格，上交相应材料。

5. 团队工作（5分）。

这份细则，相对而言，比较全面，几乎涉及学校工作的方方面面。应该说，这样的方案，实施起来，班级工作，学校的各项工作，就能够顺利推进。

可以说，当前任何一所学校对班主任工作的评估和考核，几乎没有只片面考核学生的考试成绩的，都比较全面。但为什么很多班主任的工作中，抓学生成绩却成了重中之重？原因在于当前教育体制下的评估机制，核心内容就是学生的考试成绩，全社会关注的焦点也是考试成绩。正是在这样的价值主导下，班级工作抓学生成绩就成为主旋律。

走出分数至上的阴影

以下是一份小学优秀班级评选条件的标准。

1. 班级中人人衣着得体，仪表端庄；人人讲文明、有礼貌；人人热爱劳动，勤俭节约；人人身体强健，心理健康。

2. 班级中无安全事故发生；教室课桌椅摆放整齐有序，墙壁布置美观得体；教室、清洁区保持干净整洁；班级中无随地吐痰、乱扔垃圾杂物等不良卫生现象发生；

3. 班级班风正、学风好、班级凝聚力强。98%以上的同学随教师指导学习，活动井然有序；课间活动有组织、有秩序；做操（广播体操、眼保健操）人人认真参与，集队自始至终有组织、有纪律；学生积极参与学校组织的各项活动。

4. 班级中人人热爱集体，有集体责任心；人人诚实守信，不弄虚作假。

5. 班级中无损坏公物的现象发生，放学后能把教室门、窗、灯、风扇关好锁好；无违法乱纪的行为发生。

上述案例简明扼要，条例清晰，尤其引人注目的是，没有把学生的学习成绩作为评选的条件。这实际上是为班主任松绑，把班主任从绷紧的分数的战车上解放了下来。

班主任的工作，要走出分数的阴影，需要学校创造宽松的条件，班主任才能放心，放手去抓好班级工作，否则，班主任就会被分数所束缚。

走出分数的阴影，并非彻底否定分数。虽然说分数不能完全准确评价一个学生的真实学习状况，但在目前，分数的存在，还有它的现实意义。走出这个阴影，是要班主任从分数中解脱出来，把主要精力放在做好学生的思想工作上，放在培育做健康的、快乐的、有用的人上。学生的思想品德，学生的法律法纪观念，学生的智力发展，心灵世界的充盈、良好的心态、积极向上的热情等等，在学生的发展上，要比分数来得重要。

以下是某中学先进班级评选条件。

1. 政治思想好。班集体有明确的奋斗目标，经常开展理想前途教育、民族精神教育、民主法制教育等教育活动；学生积极参加社会实践与社区服务，取得良好效果；追求文明、健康、科学的生活方式，遵守社会公德；全班学生违法犯罪记录为零。

2. 学习风气好。班集体中具有为振兴中华而勤奋学习的观念，树立了互帮互学、共同提高的良好学习风气；注重基础知识的学习，坚持在以课堂学习为主的基础上，积极开展课外学习活动；师生中无歧视或淘汰学习困难学生的现象，建立了良好的学习环境。

3. 活动开展好。全班同学能积极参加教育行政部门和学校组织的各项活动，主动开展各类健康有益的集体活动，能体现班集体的风格；在全市或学校组织的校园文化艺术节、阳光体育运动会等文体活动中成绩优良，在各类主题教育和素质教育活动中均有突出表现；在本年度内，全班没有参加过一项市（区）教育局组织的集体活动的一律不予评选。

4. 班级建设好。全班同学有统一的集体生活准则、健康的集体舆论和较强的自我管理能力；班委会、团支部（少先队）凝聚力强，团（队）员模范作用发挥好，积极参加各级团队活动；班级有工作计划、总结和制度，有民主和谐的班风，能正确处理好与兄弟班级及学校之间的关系，在各方面能起到表率作用。

这是一份中学先进班集体的评选条件，与小学一样，也没有把学生的学习成绩作为一项评选条件。值得注意的是，这份文件，突出了学习风气的重要性。可以说，这就抓住了班主任工作的"牛鼻子"。一个班级，有了好的学习风气，还怕学生的学习成绩上不去吗？对班主任来说，抓学习风气，与仅仅抓学习成绩，是不一样的。风气抓的是人，成绩抓的是数字。因为良好学习风气的营造，是包括了学习动力、学习态度的。这样，班主任抓起工作来，就等于是抓了全面，抓了学生作为完整的人的大部分。这就注重了人的存在，人的发展。

五、心理问题并非品德问题：特"病"特治

心理与品德，本来是两种不同的心理现象。可是，在教育实践中，班主任在班级管理中，常常会混淆。诊断的错误，导致处方的错误，导致病情加重，乃至影响到学生的正常成长。

心理问题误当品德问题

• 一个很内向很乖巧的女孩，居然在一个星期里陆续从父母的钱柜里"偷"走了三百多块钱，这些钱是怎么花的呢？一了解才知道，这些钱都用来买了礼品送给同学们了，有的还干脆送钱。她为什么要这样做呢？在多次谈心后，她终于吐出了心里话：她心里很孤独，渴望有好朋友相伴，可是平时不善于交际的她不知如何赢得大家的友谊，于是想出了这样的办法。这样的"偷"是孩子思维不成熟，考虑问题片面造成的。

• 谁也不会想到，琦琦会去"偷"两位同学的新文具，因为她自己拥有的文具比谁都多。她的父母在上海做生意，孩子平时的学习、生活都由亲友照顾，她的父母每次回来都会给她一笔数目不小的零花钱，让她喜欢什么就买什么。于是，她的书包里塞满了各式各样的玩具、小首饰、小玩艺，还经常送人。她的慷慨在班级里是出了名的。可是现在……通过谈心，我发现问题就出在她父母在金钱上对她的放任态度。父母只知道给孩子钱，却不去指导她如何用钱，因为有钱，看到喜欢的就买，不知不觉中产生了优越感，自己的东西一定得超过别人，而当她看到别人的文具更新颖，而自己一时又无法买到时，便很生气，在嫉妒心的驱使下，"偷"走了别人的新文具。这种"偷"是一种心理偏差的表现。

• 自入学以来，东东暴躁伤人事件屡屡发生：经常无缘无故打同学，揪女同学的辫子，上课影响其他同学，简直是一个"小恶霸"，严重违反了学校行为规范。在家里也很不听父母的话，经常发脾气，动辄摔东西，与父母吵闹。他的爸爸坦陈自身修养不高，对孩子的管教较粗暴，一不听话，就打就骂。我还了解到孩子特别爱看攻击性较强的漫画、影视作品等，这又为他提供了模仿攻击行为的条件。

以上学生身上存在的问题，均属心理问题。如果按照品德问题的处理方法进行批评教育，效果并不会很理想。

一天，班主任应老师正在讲课，学生们都聚精会神地听课，但应老师发现男生刘某似乎在偷看桌斗中的什么东西。趁学生朗读的时候，应老师悄悄走到这个学生旁边，原来他正在偷偷摸摸地看书。应老师伸手示意他把书给老师，刘某顿时满脸绯红，不敢抬头，他迟疑片刻后递给了老师。应老师一看，原来是黄色书刊，就不动声色地把书拿走继续上课。下课后，应老师也没急着找这个孩子，而是寻思着怎样来处理好这件事。

中午放学后，应老师把刘某叫到办公室，发现他满眼满脸都是胆怯。应老师也没有转弯抹角，直接讲明利害关系。"你长大了，也要成家立业，所以你没有必要现在把时间花在这些无聊的事情上，你说是吗？"学生使劲点点头，接下来，应老师又给他讲了道理，希望他能把精力转到学习上来。这一次谈话非常愉快，刘某丝毫没有抵触情绪。临走时，刘某说："老师能把书还给我吗？"应老师笑笑，把书递给了他。他把书撕碎扔进了垃圾筐里，笑笑说："谢谢老师，我会努力的。"

从这以后，刘某逐渐遵守纪律、不再打架了，上课越来越认真，性格也越来越温和，再加上其他科任教师不失时机的表扬和鼓励，期末考试各科成绩均及格，语文还考了88分。

班主任应老师，采取的就是心理辅导的办法，并没有把它道德化，当作品德问题来处置。因为他懂得，处于这个年龄段的学生，性心理正在萌动，对性有着强烈的好奇心，看黄色书刊，这事关个体的心理发展，与品德无关，所以，找他谈谈话就达到目的。

那么，如何才能够在操作的层面上区分心理问题与品德问题呢？专家认为，以下这几方面是重要的：

第一，品德不良行为求取实际利益。品德不良行为有明显的利益动机，这类行为不仅违背公共行为标准，而且同时达到了利己的目的。心理健康问题所引发的偷窃固然也违背公共行为标准，但偷窃者并没有明显的利益动机，他偷来的东西并不是为了自己使用或当作商品交换，甚至还可能偷来以后就把偷到的东西扔掉。有很多心理健康问题导致的行为可以说是无目的、无动机的。

第二，心理健康问题的不良行为具有强迫性。以偷窃为例，品德不良的偷窃是出于获利的目的，偷窃者只要自己愿意，就可以不去偷窃。偷窃癖患者则相反，他甚至知道不应该去偷，或不知道自己为什么要偷窃，而是内心有一种想偷的顽固的冲动，自己无法控制。这种偷窃冲动有一定的周期，当冲动的紧张度达到一定程度，偷窃行动即带来满足。偷完之后会后悔，却又重复去做。

第三，价值判断不同。品德不良行为有时来自是非不分，价值系统紊乱，与所在社会的规范要求相悖，行为人不认为身体伤害（如打人、推人）、心理伤害（如唾骂、叫诨号、伤害感情）和涉及公平、公正的行为（如拒绝分享、偷窃、弄坏别人的东西）是不对的，他认为做这些事对他来说并不耻辱，反而十分荣耀。一个纯粹的心理障碍者的问题行为则不涉及价值问题，只是心理机能的降低。一个抑郁症患者，心理机能受到损伤，导致社会适应差，生活无兴趣，工作出差错，自我评价低，情绪低落。但他在品德判断方面与常人并无不同，他没有丧失是非观、道德观，不会去故意伤害他人。

第四，心理健康问题伴有生理原因，品德问题则不涉及生理因素。

当然，区分品德与心理问题并不能单纯地运用某一条标准，而要结合实际情景综合判断。总体而言，心理健康问题与品德明显的区分在于：无意与故意之分；自我与社会之分；机能与价值之分。这两种问题有时从表象上很难区分，需要认真观察。

还有专家认为，品德问题必有其心理层面，心理问题却并不一定能够上升到品德层面。就此而言，心理层面是基础层面。不过，我们对问题的解释通常并不是从基础层面开始的，而是从通常理性开始的，只有当通常理性无法解释，我们才尝试下降到心理层面。正是由于这个缘故，我们经常把心理问题误认作品德问题，相反的情况却比较少见。

误诊的不良后果

在很多情况下，班主任一般都是把心理问题当作品德问题。也就是说，班主任出现了误诊现象。

误诊，本是一个医学术语，指的是错误的诊断。本来，诊断的目的在于确定疾病的本质，并进行针对性的治疗，使病情向好的方面转化。而误诊就会造成误治。实际上，不正确的诊断是错误的，不及时、不全面的诊断也同样是错误的。由于误诊，接下来的治疗也就是错误的，会给患者造成不良后果。但如果误诊没有被人发现，自然就被淹没了。今天，学生身上大量的心理问题，被当成了品德问题，而我们自己却不自知，造成了严重的后果。

中国的传统文化中，全部文化的内在机理，说透了，就是一个"德"的问题，把人的德性问题，看得几乎高于一切。因此，我们在学校教育中，总是把道德问题泛化，几乎把学校工作的大部分内容，都装进了德育那个大篮子。例如校服，也成了学校德育的一部分。一个学生在学校，订不订统一的校服，或订了校服后穿不穿，也会被看成道德品质问题。在德育问题上，上纲上线几乎成了我们的强项，成了我们的特色——大德育。在这样的大背景下，一些班主任，在开展班级工作时，思路几乎被定位在品德上，定位在道德教育上，常常把心理问题当成了品德问题，造成的后果是严重的。

女中学生徐某，由于父母都外出打工，她只好借住在外公家读书。她外公外婆由于年岁大而对她的关心教育不多。期中考试后学校召开家长会，她没人参加，班主任原本对这类学生的管教就大伤脑筋，又看见徐某家没有人来参加家长会，于是，班主任在会后找徐某在办公室站了两节课的时间，并狠狠地批评一顿，认为她存在严重的品行问题，在家长面前说了谎，否则，为什么不告知家长来开会。结果，徐某失踪三天，自杀身亡。

徐某属于留守儿童。父母亲长期在外打工，缺乏父母亲的疼爱。这时，她最需要的就是教师的关爱。没想到老师竟然对她进行了狠狠批评，加重了她的心理负担，导致她心理承受不了，自杀身亡。教训是惨重的，也是应该汲取的。

她的家长没有来参加家长会，可能是她的外公外婆没空，或者两位老人对家长会本来就不重视，觉得没有必要参加，所以就干脆不参加了，与品德根本无关。判断失误，后果严重。

小蕾是初中三年级的一名女学生，今年16岁。刘强是他们的班主任。今年7月份的一天，刘强巡视这个班的课堂情况，发现小蕾没有来上课。下课后，刘强走进教室，看到小蕾的书包放在课桌的抽屉里，摆放得比较凌乱，便顺手帮助整理，结果看到了小蕾的一封恋爱情书，眉头一阵紧锁，遂将这封信揣进自己的口袋里，并交代其他同学说："小蕾回来后，让她到办公室去！"

不久，小蕾来找班主任刘强。刘强要她说清楚那封恋爱情书的事情。可小蕾拒绝回答，并且要求班主任把那封情书还给自己。刘强说：还给你可以，但是你必须说明情况。小蕾一听，恼怒地冲出了办公室。

第二天，刘强来到教室，继续要求小蕾把事情讲清楚。小蕾说：那是我个人的隐私，别人无权过问，并严肃地要求班主任立即把那封信还给她。刘强看到小蕾当着全班同学的面，态度如此强硬，很是生气，一面大声斥责小蕾，一面奋力将小蕾推出教室，随后从口袋里掏出那封情书便要在班上宣读。小蕾见状，不顾一切地冲进教室去争夺那封情书。争夺中情书被扯成碎片，小蕾见情书被撕毁，顿时大哭起来。这时，刘强也控制不住自己的情绪，向全班同学公布了情书的内容，并再次大声斥责小蕾。

当晚，小蕾回到家中，越想越气，便心一横，从自家三楼阳台跳了下去，致使身体多处骨折。后经住院治疗花去医药费等7000多元。

刘强作为班主任，批评教育是应该的，但他一是态度粗暴，不懂得尊重人；二是侵犯了他人的隐私；三是把心理问题当作品德问题。刘强如果多从16岁这个年龄段的学生心理方面设想，问题可能就要简单多了。他可能忘记了，16岁，这是一个多梦的年龄，也是一个易受伤的年龄。教师把早恋当成了品德问题去处理，就把问题复杂化了，采取了比较强硬的措施，导致的结果就比较严重。这里，刘强的错误判断，错误处置，导致了他和小蕾之间关系的紧张，招致了家长的怨恨。

班主任需具备心理学知识

班主任需要补充的，首先是不同年龄阶段学生的心理特点方面的知识。这些知识是基础，掌握了这方面的知识，对学生中出现的问题，就拥有了最基本的判断基础。例如初中生和高中生，他们的生理和心理发展就存在着差异：

	初中生（11、12岁到14、15岁）	高中生（14、15岁到17、18岁）
生理方面	主要表现在身体外部的改变、内脏机能的成熟及性的成熟三个方面 脑虽然在重量和容积的增长并不显著，但在质的方面则有较大进展。生殖系统的发育成熟标志着人体生理发育的完成。进入青春期后，性激素增多促进性腺和性器官发育	从生理上讲，身体各系统的生理功能，包括感知能力、心肺功能、体力和速度、免疫力和性机能等都达到最佳状态，疾病的发生率最低，进入身体健康的顶峰时期
情绪方面	强烈、狂暴性与温和、细腻性共存。情绪的可变性和固执性共存。内向性和表现性共存。孤独、压抑，心境消极成分占很大部分	情绪心境相对平稳，恋爱情感、责任感、成就感、审美感等高级情感发展
自我意识方面	强烈关注自己的外貌和体征 深切重视自己的学习能力和学业成绩 十分关心自己的人格特征和情绪特征	自我观察、自我评价、自我体验、自我监督、自我控制等自我意识的诸成分上都获得了高度的发展，并趋于成熟
社会性发展方面	友谊更直率，更易被观察到 开始意识到了性别问题，并对异性逐渐发生了兴趣 与父母的情感不如以前亲密 开始品评教师	由于生活空间的扩大，高中生常体验到更为广泛的内心冲突和压力 基本上能与其父母或其他成人保持一种肯定的尊重的关系，反抗性逐渐减少

五、心理问题并非品德问题：特"病"特治

个性发展方面	反抗心理是初中生普遍存在的一种个性心理特征	逐步形成价值观 自治需求增强

一个中小学班主任，如果对不同年龄段学生的生理和心理特点了如指掌，在实践中再多观察，多思考，大多数心理问题就能应对了。

心理健康、心理辅导知识，本来就是一个现代班主任必须具备的知识。一些班主任之所以把心理问题当成品德问题，与他们缺乏相关的心理辅导知识有关，需要及时补上。

现在的问题是，一些年龄偏大的班主任，可能本来就在这方面存在知识的不足，但因为年龄的原因，存在着"恶补"上的心理障碍，不愿意"充电"。

活到老，学到老，是我们一贯倡导的学习态度。这是包括班主任在内的。实际上，有志不在年高。一个真正事业心强的班主任，本着为学生成长服务的态度，是一定会重新学习新知识，接受新经验的。

班主任"恶补"相关知识的目的，在于实践中的对症下药，避免误诊，为学生健康成长创造宽松的条件，从而领着学生前行。

班主任是这一前行队伍中的组织者、领跑者。班主任对心理问题与品德问题的正确判断，乃至对症下药，从眼前来说，可以给学生积极的影响，从而使学生愉快地学习和生活；从长远来说，极有可能将影响学生的一辈子。所以，判断的失误，对学生的负面影响是巨大的，甚至可能造成不良的后果。例如同样都是偷东西，有人偷了同学的书去卖钱，而另一位同学是因为喜欢某同学的一本书而偷窃。前者是品德问题，后者则更多是心理问题，判断时需慎重。

一小学生，有多动症，上课不遵守纪律，喜欢做小动作，甚至影响了其他同学。其他同学意见很大，纷纷要求换位置。该班主任竟错误地认为该生组织纪律观念不强，破坏集体，有意为难同学，为难老师。于是，把他父母亲请到学校，对他进行思想品德教育，同时还给予一定惩罚。没想到这样做的结果是，学生反感，更强化了他原来的多动行为。

一位中学生，患有抑郁症，情绪低落、郁郁寡欢，对什么都不感兴趣，

自卑自责，感到活着没什么意思。但是，他并没有明显的思维障碍，可以坚持学习，生活上也完全可以自理。教师却以为他是在闹情绪，是对现实不满，甚至认为他思想有问题或者人生观有问题。相应地，便对他做了大量的思想工作，费时费力，却不见一点效果，也让学生产生反感情绪。

心理问题品德化，这是目前教师在判断中常见的问题。原因在于教师缺乏有关心理学方面的知识，也有传统的上纲上线的惯性思维。很明显，两个例子中，学生都不是因为品德有问题才导致那些不良表现，仅仅是心理上存在障碍。班主任的判断存在明显的失误，让学生反感，师生关系紧张。

对于一线班主任而言，缺乏心理学方面的知识，缺乏心理健康方面的知识，固然是导致错误判断的直接原因。而对于上了年纪的班主任而言，受传统观念的影响，受以前的上纲上线的做法的影响，也是不可忽视的因素。对于一部分年纪偏大的班主任而言，即使他们补了心理学、心理健康方面的知识，但知识归知识，观念的惯性作用还是巨大的，关键时刻，还是观念在起作用。他们一看到学生存在的问题，就不管三七二十一，立即把它往品德、往思想方面靠，就是非常自然的事情了。班主任在"恶补"了知识之后，观念的转变更重要，这更是起决定性作用的东西。

引领学生树立正确的价值观

有一学生，学习较好，成绩尚可，但由于在家里娇生惯养，养成了依赖家长，不愿与同学交往的习惯。这学期由于奶奶有病不能做饭、接送，父母要求她住校。从开学第一星期起她就三天两头声称有病，父母每晚来接她回家，第二天早上再来校上课。时间一长，父母发现不对，终于忍不住找到班主任。在他们的言谈中，班主任发现她已经不只是不想上学、不想住校的问题了：由于长期不与同学交流，她已经变得孤僻，但内心又渴望与人交往、交流，所以她逐渐开始在网上与比自己大得多的人交谈，甚至还有令家长难堪的话语。班主任就与家长一起分析了她的问题所在，家长也同意让她继续住校，加强与同学之间的交流，以使她思想行为逐渐走上正轨。

很明显，这位学生受社会的影响比较大，尤其是在与一些成人的网络交际中，学到了一些超越了这个年龄段孩子的话语，对她的影响是深刻的。班主任在征得家长同意后，让她住校。这是很明智的做法。

孩子需要与孩子生活、学习在一起，他们的性情才会是孩子，否则，就是小大人了。当前的社会是复杂的，什么人都有。孩子还缺乏分辨是非的能力，稍有不慎，就有可能陷入泥潭，不能自拔。

现在的学生，他们天天与社会接触，受社会的影响大，思想也变得复杂。他们的内心世界，既丰富又复杂多变，在看到社会上一些不良现象时，由于缺乏辨别能力，很容易就受影响。班主任要密切关注学生的变化，积极引导他们树立正确的人生观、价值观。

对中小学生而言，正确认识自我，是非常重要的。他们中的一些问题，直接与他们不正确自我观有关系。以自我为中心，夸大自我，这是很多中小学生身上的毛病。他们只在乎自己的感受，根本不把别人放在眼里。引导他们正确认识自我，对于克服他们身上的毛病，与他人和睦相处，很有现实意义。

中国古代大哲学家朱熹说："天下之理，只有一个，是与非而已，是便是是，非便是非。"一些学生，就是在"是"与"非"的问题上思想混乱，观念模糊，才产生品德问题。什么是光荣，什么是羞耻，他们意识模糊，思想糊涂，价值观颠倒。

美国潜能开发专家安东尼·罗宾在她的文章《价值观：决定成功的最终要素》中指出：

价值观会主宰我们的人生方式，影响我们对周遭一切的反应。价值观颇似电脑的执行系统，虽然你可以输入任何的资料，但电脑是否接受或运算，还得看执行系统是否先会设定相关的程序。价值观就是我们脑子里判定是否执行的系统。

从你所穿的衣服、所开的车子、所住的房子，到教育孩子的方式，这一切的一切都受价值观的左右。它是我们行事为人的规范，是释放我们内心神奇力量最重要的关键，我们靠它了解和判定自己以及别人的行为。

对同一件事，各人的价值观不尽相同。例如一位大老板开着一部小型车，并不是因为要省油，只不过是不想跟其他人一般见识；一位大富翁之所以不住豪华别墅而住不显眼的房子，也不表示吝啬而是为了不浪费空间。由此可见价值观往往是个人衡量事情的角度不同所致。

一个人，价值观模糊，身上的问题就多。在他们明白了"是"与"非"之后，才会心明眼亮，不说糊涂话，不做糊涂事。未成年的孩子，就更是这样。

引导学生学会共同生活

刘某，女，10 岁，某小学四年级学生。成绩一般，性格内向，在人面前不苟言笑，上课从不主动举手发言，老师提问时总是低头回答，声音听不清，脸蛋涨得通红。下课除了上厕所外总是静静地坐在自己的座位上发呆，老师叫她去和同学玩，她会勉强笑一下，仍坐着不动。在班上值日生工作不会做，做别的事也做不好。这样，班上与她一起做值日的同学免不了说她懒，她觉得很没面子，因而更不愿与同学交往。

对转变刘某，班主任采取了一些措施，取得了理想的效果。

1. 利用游戏活动，创造交往的条件。上活动课时，教师主动邀请她玩游戏。同时，引导其他同学与刘某共同完成游戏活动。

2. 指导家庭教育，改变不良的教育方式。

3. 创设良好的班级人际氛围。利用心理辅导课、活动课等时机进行群体性的心理辅导，让学生知道与人交往、帮助他人，不嘲笑、不鄙视能力比自己差的同学是一个好学生应具备的好品质，从而主动地在学习、劳动上帮助刘某。

4. 培养刘某交往的语言表达能力，提高其与同学交往的信心。

5. 利用劳技课，培养合作精神。

现在的学生，多是独生子女，他们身上，留有很多独生子女特有的毛病，如性格孤僻，不善与人交往。老师引导他们学会与人交往，显得非常有必要。

这位班主任就很好地转变了班上的女生刘某。重要的是，班主任没有把刘某身上的问题当做品德问题，而只是看作一般的独生子女身上的心理问题。

实际上，一个能够与他人和谐相处的学生，身上的品德和心理问题就比较少。有时，即便出现了一些心理问题，一般也不严重，疏导一番就行了。

涛在班里经常欺强凌弱，同学怨声载道。一次，他又无缘无故打了一个女生，老师指出他的错误之后，刻意安排了一个游戏，要涛扮"受气包"，而被欺负的女生扮"老大"，"受气包"被严格限制，不管对方做了什么、说了什么均不得反击，"老大"则被允许大声训斥对方，做一些不会使对方受伤的侵犯动作，周围的同学为其助威。"游戏"结束，老师就让涛谈自己这次受到"欺负"的感觉。

家长或老师常常要求学生在遇到攻击时要忍让，这样会造成霸道者更加有恃无恐，个别受欺负的孩子也会在屡次忍让中变得逆来顺受。为了克服冲突所带来的不良心理倾向，老师采用了角色置换法，使霸道者亲身体验到被人欺负时所产生的愤怒、惊恐、无助等不良感觉，进而比较深刻地认识到自己的行为给他人造成的伤害，受欺负者除了发泄不良的情绪之外，又激发了反抗欺负行为的勇气。

让学生学会换位思考，将心比心，这是学会共同生活的必要素养。同学之间，如果每个人都能够站在他人的角度去替他人着想，很多事情就不会发生。因此，解决学生的心理问题，最好用心理的办法。

六、男孩女孩不一样：一视同仁应该缓行

"时代不同了，男女都一样，男同志能办到的事，女同志也能办得到。"伟人的这句话，彻底改变了妇女的地位，使她们能与男性一样，享受到与男性一样的权利。

在这样的大思想背景下，男孩女孩都一样，就成了学校管理、班级管理的一个基本理念。

男教师的尴尬

"我女儿昨天回来说，考场里有几个考生，女生穿得特别暴露，男生后半场都在发呆。"44中考生家长张女士一边说，一边伸出手在腿上向记者比划，"穿这么短的裙子，整个后背还露在外边。"113中学考生家长许女士则更不满，她告诉记者，儿子踩点时就注意到这些学生，昨天考完再谈起，儿子很坦率地告诉妈妈，有这样另类的同场考生，不想被影响都难。"你想想，抬头看到的就是肩膀和后背，普通中学生怎么也不适应啊！"

"哪个少年不钟情，哪个少女不怀春？"现在的孩子，发育年龄提前，不少学生对男女之事怀有浓厚的兴趣。现在的女孩也不像以前，她们大胆、活泼，充满了青春的活力。男生呢，正处在青春期，容易被女孩的外表所吸引。这本来是非常正常的现象。问题就在于，它竟然出现在不该出现的地方——考场。于是，就出现了考场上的那一幕。

"天啊！男教师居然半夜来女儿的寝室查寝，这叫我们家长怎么不担心？"这位家长表示，他的女儿在一所中学就读，女儿在QQ空间上称，学校现在实行男性班主任查寝制度，女生寝室要由男教师来检查。女儿在空间中表示，

学校的这种做法很不妥当。女儿的一位女同学也在 QQ 空间中响应，她建议女同学，晚上在外面晾衣服的时候，如果听到男声，要赶紧冲进寝室锁门。"现在天气还不冷，学生在寝室里都穿得比较单薄。"这位家长认为，高中女生都处在青春发育期，男教师应该懂得避嫌。如果男教师随意出入女生宿舍，除了不方便，对孩子的身心发育也会带来不利影响，希望学校能采纳家长的建议，安排女教师来检查女生寝室。

这又是一种尴尬。对女生宿舍，晚上查夜，安排男教师还是女教师，这确实是个值得深思的问题。这个问题的难解之处在于，学校若安排女教师查夜，那么，女教师本身的安全又由谁来保障？尤其是年轻女教师，安排她们去查夜，恐怕就更值得考虑。

如此等等，在提倡男孩女孩都一样的今天，是否值得深深思考？

校园中的阴盛阳衰

从幼儿园开始，男孩女孩，他们在语言、行为等方面，就体现出了性别上的差异。这就对我们的教育提出了一个新的问题：从幼儿时期开始，我们的教育到底是让男孩女孩都适应还是只让某一性别的人适应？或者班主任在其中应该扮演怎样的角色，应该起到怎样的作用？或者换句话说，是体制的原因造成了男孩女孩在教育上的差别，还是学校自身的原因，或是教师与班主任的原因？

某日，网上一条披露某重点中学高一新生男女生比例严重失调的帖子引发不少人的关注。该校高一新生名单里，5个普通班男女比例为16∶24，2个英语实验班男女比例为20∶30。实际上，在该市多个区县多所示范校调查时发现，尽管不少示范校感觉男女生人数差别不大，但相当数量的示范学校负责人坦言，今年高一女生比例呈迅速上涨趋势。

五六年前，理科实验班清一色的以男生为主，但现在不少理科实验班男女生人数旗鼓相当。而在文科实验班，多数学校女生的优势仍难以撼动。

2006年3月1日《中国教育报》刊登文章《中小学"阴盛阳衰"的环境分析》，文中提供了作者在一所小学和一所初中的调查结果。女生在班干部中的比例：初中 67.7%，小学 73.2%；女生担任科代表的比例：初中 74.2%，小学 85.9%；女生在"三好学生"中的比例：初中 68.6%，小学 82.1%；男生在"学困生"中的比例：初中 75.6%，小学 63.1%。

2006 年 7 月 6 日，《中国教育报》刊出北京师范大学张晓龙的文章，在"男生不如女生是世界现象""拯救处于教育'边缘化'的男生"标题下报道：美国依然是"男性主导"的社会，但在学校，男生已处于从属地位，成为学校里的"第二位置"。"学生干部"会议是女学生的天地：学生会主席、副主席都是女生，校报主编和主要学生社团的主席也都是女生。甚至在学前教育阶段的幼儿班，被开除的孩子当中，每 5 个人就有 4 个是男孩。在美国的小学阶段，男生被诊断出具有学习障碍问题的可能是女生的两倍。在中学的标准化书写测验中，男生的成绩普遍低于女生。美国国家教育统计中心的一项针对全美中学学生成绩和社会能力所做的调查显示，除了在语文和数学成绩上男女生基本持平外，在参与社会工作、艺术活动、校园媒体、学术俱乐部等方面，女生已全面超越男生。而在学习障碍和情绪不稳定方面的人数比例上，男生分别是 73% 和 76%，远远高于女生的 27% 和 24% 的比例。男学生占功课不好的学生总数的大部分，而且其中有 1/3 想过辍学，85% 曾动过自杀的念头，很多人尝试过毒品，与上世纪 70 年代相比，男生的自杀率翻了两番。

面对女生强于男生的现象，作为班主任，我们还能够笼统地得出男孩女孩都一样的结论吗？

实际上，班主任对自己所带的班上，男生的学习、表现如何，女生的学习和表现如何，心里最有数。

如果说，以往的班级管理是粗放式经营，那么，今天的班级管理则是精细化耕作。而精细化耕作，需要的是区别对待，对不同性别的学生，进行针对性的引导与教育。

一视同仁应该缓行

对班级管理上的"一视同仁"有多种理解。例如不论优生还是"差生"、不管干部还是学生、不管男生还是女生、不管关系户还是普通生，违反了纪律都用同一标准处理，作了贡献一样的表扬奖励。调皮、犯错，可能更多的时候与男生联系在一起。在班上，由于男生犯错的次数比女生要多，所以很多时候女生成了班主任眼中的乖乖生。正因为如此，一些男生竟产生这样的误解：班主任偏爱女生，女生犯错时处理更轻。错误面前不应有性别之分。当然，在处理的过程中可能措施不同，但是班主任绝对不能让男生感到女生被偏袒，否则在班级里无形之中会形成男女两大阵营。

一般来说，男孩子好动，调皮，但是有英雄主义情怀，喜欢出头、表现。女孩子虽然相对乖巧，但琐事较多，爱讲闲话，容易闹情绪等。班级管理中，一视同仁，平等对待是必要的，在此基础上，某些情况下，对男女学生进行不完全相同的引导与教育，更能达到共同促进的作用。

男生和女生，他们在很多方面存在差异。

性格差异：男生性格开朗、勇敢、果断、不拘小节、好动、好问、好奇心更多一些。但粗心、逞能好胜、脾气粗暴、遇事鲁莽也多一些。女生性格温柔、文静、遇事细心、行事稳重、善于关心他人、乐于奉献、做事坚持性强，她们同样开朗、好问、好奇，但好动的程度略逊于男生，果断性也差一点。

成就动机：男生成功了就会觉得是自己努力的结果，而女生却会认为是教师、家长的因素起作用。男生较富于冒险精神，而女生更重视稳妥前行。

兴趣：男生明显地爱好科学，喜欢读各种科学书报，参加各种科技活动、科学实验等；而女生多对小说、电影、戏剧、故事、音乐、舞蹈更感兴趣。

思维能力：男生多偏重于逻辑思维类型，女生多偏重于形象思维类型。

言语能力：女生在大多数言语任务中表现得更好。

感知方面：女生要比男生敏感，知觉速度也比男生快，反应速度上则是男生更快一些。

情感、意志方面：女生更情绪化，更易恐惧、焦虑、不安。男生更可能表达愤怒的情绪。女生的情感表现相对的更细腻、温柔，也比较敏感，而男生的情感则相对的更奔放、热烈、粗犷一些。在人际交往或两性交往中，女生表达情感的方式往往比男生更内在、更含蓄一些，而男生则比较外露。一般认为,在自我控制能力方面,男生不如女生,在做事情的毅力和坚持性方面,则女生更强一些。

人格与行为方面:女性比男性更具有同情心,更具情绪表达性。男生一般具有强烈的与同伴接触倾向,容易形成大的团伙;女生更注重人际关系的亲密性和知己性。男生比女生更具有支配性。女生更易于被说服,更易于受暗示,也更容易出现从众现象。

人际交往:遇到困难时,男孩倾向于靠自己和同伴的力量来解决,而女孩则更多地向父母亲求助,这显示男孩比女孩独立性更强。

择友标准:男生往往更注重与交往对象在态度、兴趣、价值观等方面的相似性,交友对象的思想、性格、能力、威信等个人品质以及交往对象的外貌、风度、仪表等方面的吸引力;而女生更看重交往中的报答因素(即能与交往对象有福同享、有难同当)及时空的接近。女生倾向于有几个非常亲密的朋友,而男生则更可能有一大群但较不亲密的朋友。男生注重共同参加集体活动,主要是运动和竞争游戏。女生更倾向于强调自我宣泄和情绪支持。

男生更适合总体决策和负责(班长),女生更适合具体事物的安排筹划(副班长)。男生班长与男性班主任更易于沟通交流。男性教师更易于利用自身的人生体验指导男生。

男孩女孩之间的差别是多方面的,但对班级管理而言,主要有以上这些。这已经成为常识,我们都应该在此理论或经验的指导下进行班级管理。

必须指出的是,我们一贯倡导的男女平等,指的是一种道义上的平等,人格的平等,绝不是性别之间的平等。男女生之间在客观上存在着差异,各有优势和劣势,这必然导致在班级和社会活动中男女角色的配置不同,分工不同,这样才能取长补短,发挥男女生各自的优势,使整个班级变得更加和谐。根据男女生性别角色不同,针对女生心理上的特点进行差异化的管理,并非性别歧视。

在日常的教学与管理中,对任课教师而言,男生女生都是学生,教学上平等对待,这比较容易做到。对班主任来说,男生多的班级,管理的压力明显大许多。男生好动,一个班里如果有三分之二是男生,管理起来就不那么轻松。例如班里搞卫生,每天安排4名学生,如果4名男生一起值日,男生不如女生细心，班主任最好安排男生女生搭配，更好发挥各自的长处。

引导女生健康生活

女学生中，是很容易形成小派别的。一个班，只要有几个女生，里面一定就会分成几个派别。几个派别之间，壁垒森严，一般而言，仅仅从外表是看不出来的。这就需要班主任深入细致地与她们打成一片，才能发现。

派别之间，还有可能常常发生冲突，甚至是肢体上的冲突。最近几年，网络上，我们几乎常常可以看到一些视频，视频内容都是女生之间的欺辱。笔者用"女生被围殴"在百度搜索，结果发现，竟有几千个此类视频。而且，这些围殴者，一般都是同校、同班的女生，她们与被殴者几乎都不同属于一个派别。例如，仅仅因为某一女孩与班上其他女孩心中的偶像不相同就被围殴。这令人不可思议。

女孩子容易拉帮结派，一个很重要的原因就是心眼小，几个心眼小的女生很容易走到一起，形成派别。此时，班主任就应该多开展一些全班性质的活动，并有意识地分组。特别是要把那些不同派别的女生分到一个小组，让她们之间多交流、多合作，实现心灵上的沟通。

女孩都有爱美之心，尼娜也不例外。但走在人前，尼娜却总是低着头，因为她一直觉得自己是只丑小鸭，长得不够漂亮，也不够可爱。渐渐地，她不愿意让自己成为大家关注的焦点，也一直躲避着别人的目光。

尼娜平时最喜欢逛街，尤其喜欢逛那些店面不大却很特别的饰物店。

有一天，尼娜在饰物店里发现了一只绿色蝴蝶结，第一眼看到那只蝴蝶结她就觉得这是属于她的东西，好似命中注定一般。于是她鼓起勇气，小心地把它戴在头上。店主不断赞美尼娜："你戴上蝴蝶结可真漂亮！"最终尼娜买下了那只绿色的蝴蝶结，在走出饰物店的那一刻，尼娜不由地昂起了头。

尼娜太急于想看到自己戴上那蝴蝶结的样子了，走出店门时与人撞了一下都没有在意。她快步地走在学校的长廊里，寻找着可以映出自己身影的反光面，却迎面碰上了她的老师。老师叫住了尼娜，并惊喜地说道："尼娜，你昂起头来真美！"老师爱抚地拍拍她的肩，尼娜却羞涩地回避着老师赞美的目光。

那一天，她得到了许多人的赞美，同学赞美她落落大方，朋友赞美她气质优雅，姐姐赞美她美丽可爱，这些赞美也让尼娜高高地昂起头。她想："这一定是那美丽的蝴蝶结的功劳！看来直觉是正确的，那绿色的蝴蝶结确实很适合我！"她想看到自己美丽的样子。然而当尼娜激动地站在一面镜子前时，她却傻傻地定在了那里，惊愕地盯着镜子中的自己。尼娜的头上根本就没有那只绿色的蝴蝶结！"一定是走出饰物店与人相撞时给碰掉了！"她仔细地回想着。尼娜终于明白了赞美的来由。昂起头来原本就是一种美丽，而很多人却因为太在意外表而失去很多快乐。

尼娜的自信，来自于自我暗示，也来自于他人的赞美，他人的肯定。一个班级，学生之间如果只知道相互拆台，相互嘲弄，相互挖苦，那么，生活和学习在这样的班级，学生的心理就是畸形的，就是不正常的。学会自信，相信自己的魅力。这是所有女孩都应该拥有的态度。可惜的是，并非所有的女孩都自信，都充分地相信自己的能力，自己的魅力。

一个长期生活在相互嘲弄、相互猜忌的环境里的女生，是不会自觉树立起自信心的。自信的态度并非天生的，而是后天养成的。而班级就是重要的环境，班主任就是这环境的创造者。当然，这一环境的创造，并非仅靠班主任一个人，班主任只是一个引领者，引领全班学生为每一个人都营造良好的氛围，对女生尤其如此。

一般而言，女生的依赖性要比男孩更强一些。求学阶段，是培养自信心的重要阶段，班主任身上，担子尤重。班主任要多引导女生热爱生活，这是自信的动力源。要正确看待自己，找到自己的长处，让自己的长处得以发挥。获得自信，要先获得满足感，觉得自己行。这是基本前提。孩子就是在战胜自卑、建立自信的过程中成长的。要让女生不要因自己的外貌、身世、出身、家境等自卑。女孩尤其是要看到自己的优势所在，在发挥优势中树立自信。

相对而言，女孩比较脆弱，遇到困难，更容易急躁，这对她们的成长极为不利。学习中，她们会遇到困难，只有坚强，才能克服。生活中，困难则随时有可能出现，重大的灾难也有可能降临，坚强的人才能走出困境。很多被评为"美少年"的女孩，都是诞生在不那么完美的，乃至残缺的家庭，正是凭着坚强的品格，穷人的孩子早当家，顽强地应对，从而磨练了她们，使她们变得坚强。

班主任可以引导女孩：

正确评价自己。如实地看待自己的长处和短处，坚信自己并不比别人差，在任何困难面前都不屈服，勇敢面对，使懦弱与自卑远离自己。

正确表现自己。学会在适当的场合表现自己，多做一些力所能及的、把握较大的事情。这样可以增强自信、力量和勇气，逐渐克服懦弱的性格。

不断充实与提高自己。明确自己存在的不足，以最大的决心和顽强的毅力去克服这些不足，不断学习，充实，提高自己。

学会宽容。这也是女孩应有的品质之一。一个宽容而大度的人，就是一个能够与他人同甘共苦的人，就是一个值得他人信赖的人。宽容自己，包容他人，这是和谐相处的必要品质。和谐不是一个理想，是活生生的生活和学习的实践。班级和谐，长大后的家庭和睦，都有赖于宽容的品质。班主任要在班上创造这样的氛围，自己要带好头，做宽容大度的典范，成为所有学生的榜样，尤其是女生的榜样。

办适合男生的教育

孙云晓在《拯救男孩》一书中提出：

"从生理学的角度来看，从上学的那一天起，男孩在读写能力发育上就比女孩晚两年。然而人们往往要求男孩和女孩在相同时间内以同样的方法学习同样的知识。男孩甚至连手指神经都比女孩发育得晚，因此让男孩握住铅笔并写出漂亮的汉字更加困难。这些发育上的差异使男孩被视作愚笨和迟钝，这可能使他们从一年级开始就讨厌学校。"

"研究表明，5岁男孩的大脑发育的水平只能达到3岁半女孩的水平。在整个小学阶段，男孩的生理发展和心理发展总体仍落后于女孩。想想看，当同样年龄的男孩女孩坐在一起听老师讲话时，谁能理解得更多？谁又能作出更正确的反应呢？"

"从生物学角度来说，男孩一天至少需要4次较为充足的课外活动，但事实上能得到1次就算不错了。因为有学校出于安全和安静的考虑，常常禁止学生课间奔跑，甚至拆掉了单杠、双杠等运动器械，春游、秋游或远足之类的野外活动更不敢组织，社会实践也是少而又少……学习不占优势，特长得不到发挥，性格发展得不到引导。男孩在学校得不到正面的反馈，这将会造成严重的伤害。"

为了让男孩在学习上也与女孩一样，达到规定的要求，教育就必须适应男孩生理和心理发展的水准，让所有适龄男孩都能在教育中接受到与他们的生理和心理发展水准相适应的教育。这就是办适合男孩的教育。

教育要以人为本，就是要以学生为本。而以学生为本，办适应男孩的教育，就是应有之义。如果我们的教育让大多数男孩成了失败者，我们的教育还能算成功吗？

今天的学校教育更适合女孩。它们压制了男孩的能力，特别是在低年级，以考试为导向的应试教育，让学生将精力集中在常规性的学习上，如阅读、写作以及做其他功课，这些比较安静的能力训练更适合于女孩的性格。与此同时，学校削减了科学、实验、体育课程以及假期课外活动的内容，而这些偏重于体验式的教学方式则非常适合男孩。因此按照现在的教育体制，毫无疑问，男孩子从整体上说竞争不过女孩，正因为难以取得好成绩，一些男孩就逐渐讨厌上学，形成恶性循环。

美国的弗里德里克·道格拉斯学院以教育黑人男性学生而著名。这些学生本来是非常难教育的，但他们在这里取得的进步是最快的。这是一所初中和高中混合在一起的学校，学校的1450名学生大多数来自于家庭贫困和少数民族，一半多是男性，而且退学率几乎为零，高年级的毕业生几乎人人都被大学录取。这所学校成功的秘密就是，学校利用各种运动设施来吸引年轻人，一旦吸引了他们的注意力，然后就向他们展示各种可能性，而且这些可能性都是他们能够实现的。

对班主任而言，办适合男孩的教育，应尽可能多的开展一些活动，让男孩有展示自己、发挥自己优势的空间和时间。例如，班与班之间，可以开展一些体育竞赛，让男孩在运动场上一展身手，使他们获得自我确认的方式与途径，从而树立信心，获得更多的自尊。特别是小学和初中的班主任，学生学习的竞争并没有那么激烈，时间相对来说比较宽裕，更应该多开展一些活动，让男孩有更多的机会展示自己。

教学上，与任课教师一起，多开展一些有利于男孩展露优势的活动。如物理、化学等科目的实验，体育课男女分开活动等。另外，教学中尽量不要用一把尺去衡量男孩女孩，尤其是在低年级的写字教学上，对男生，尽量降低要求，不以对女生的标准来要求男生，避免挫伤了男孩的学习积极性。

当然，如果能够在学校层面上做出努力就更好。例如男孩推迟一两年入学等等，也是非常有利于男孩的措施。

做男孩女孩的"大众情人"

一位班主任，要让班上所有的人喜欢，并非一件容易的事。也可以说，这只是一个理想状态，一个难以实现的梦想。但我们又必须朝着这一目标努力，争取成为班上男生女生都喜欢的班主任，也就是成为男孩女孩的"大众情人"。一位将班级管理工作视为事业的教师，这样的精神是不可或缺的。做每一件事，都有100%的把握，那是神仙的标准，不是凡人的标准。实际上，我们经过努力，能够让80%的男孩女孩喜欢就是成功。

前不久，一名厦门美女教师在网络上走红。这名教师是湖里中学初二年级班主任、音乐教师谢贝梅。

谢贝梅负责初一年级10个班的音乐课，还担任初二年级一个班的班主任。谢贝梅坦言，少有音乐教师当班主任，刚开始她也有点迷茫。第一节班会课，谢贝梅让学生写下"心目中的班主任"，没想到他们真诚地写下看法。

"谢老师不仅漂亮，而且上课很有趣，我们都喜欢。"一名学生说，课堂上边学唱歌、边上台表演，不会枯燥。

谢贝梅说，以往的音乐课都是教师台上唱，学生端坐听讲。为了让学生更活跃，谢贝梅结合舞蹈专业，设计场景、道具、舞蹈，让每个学生都能参与其中，课堂因此欢快起来。

平时，谢贝梅喜欢用手机记录学生团结、友爱的画面，制作成视频，在班会课上分享。"自己看了都会感动。"谢贝梅希望借此培养班级凝聚力。

"花更多时间跟学生在一起，学生更容易接纳我。"谢贝梅说，有时经过操场，学生会主动邀她一起打球。她还从家长口中得知，学生私下会喊她"贝爷"，因为她的性格比较"女汉子"。

现在，谢贝梅每天上两节音乐课，还要培训两支舞蹈队。学校希望谢贝梅组织教师舞蹈队，虽然会更忙，但是她很乐意。

谢老师为什么能够博得学生的喜爱，成为班上男女学生的"大众情人"？大体可归纳为以下几条：

一是因为谢老师年轻漂亮。爱美之心人皆有之，学生都从心理接纳这位年轻漂亮的教师。

二是年轻人思想新观念新，受到学生欢迎。平时，谢老师喜欢用手机记录学生团结、友爱的画面，制作成视频，在班会课上分享，延伸了课堂。

三是，谢老师的音乐课堂具有吸引力。谢老师将自己所学的舞蹈专业知识运用到音乐课堂之中，让每个学生都能参与其中，课堂因此更有吸引力。

那是在一次数学考试之后，数学教师兼班主任的赵老师发现班上的女生普遍考得比男生好，就在班会上给大家讲了个故事："昨天我做了个梦，梦见我的老师在课堂上问我，来生当男生还是当女生，我就回了一句：当女生！我的老师就问我，为什么？我就说，男生与女生下棋时，要是女生赢了，她就会立刻被大伙称为女才子，要是输了，人们也不会责怪她。可男生就惨了，要是他下赢了，肯定没人说他是男才子。可要是下输了，人们又立刻说他是个大草包。天！亏不亏！"

听到这个奇怪的梦，大家全都笑出了声，赵老师接着说："不过今天我不说梦，而是要表扬咱们班的女生，为什么？因为她们考得好，超过了男生！这说明，不仅下棋，考试也一样，女才子特别多！因此，我既要为我们班女生们的胜利而骄傲，也要为我们班男生们的谦虚而骄傲！""哄"的一声，大家又一次快活地笑了！女生们笑，是因为老师在夸她们；男生们笑，则是因为老师的妙侃是对自己的一个极巧妙的激励。

赵老师并没因为女生考试成绩优于男生而仅仅表扬女生，而是非常巧妙地将男生女生一起表扬。这样，男生虽然没考好，但也受到了肯定。但男生心里也非常清楚，教师的肯定，其实就是一种批评、鞭策，当然，也是一种激励。

七、高帽子并非越多越好：该奖则奖　该罚则罚

"好孩子是赞出来的""好孩子是捧出来的"，近一段时间，赏识教育，激励教育，成了教育的一道新风景，特别是新课程实施后，学校里，课堂上，老师不多赞美学生，就好像落伍了。于是，我们就可以见到，廉价的高帽子几乎说是满堂飞。仿佛不给高帽子，学生就难成材；一给高帽子，学生就能成材。

事实果真如此？

爱戴高帽子——人的天性

从前，有一个在朝廷里做官的人，要到外地任职。临行前，他向老师告别，老师嘱咐他说："地方上的官吏不好当，你一定要小心谨慎。"那个人胸有成竹地对老师说："我已经准备了100顶高帽子，逢人便给他一顶，总不至于出什么问题。"老师一听勃然大怒，正颜厉色地训斥他说："我们为人处世光明正大，为什么非要这样呢？"那个人见老师脸色不对，连忙说："普天之下，像老师这样不喜欢戴高帽子的人又能有几个啊！"老师听了频频点头，说："你这话说得也不是没有道理。"那个人从老师那里出来，无限惋惜地对别人说："我备下的这100顶高帽子，如今只剩下99顶了。"

喜欢别人给自己戴高帽子，几乎是人的一种天性。你看，那位老师，嘴里说的不要随便给他人戴高帽子，而当学生给他戴高帽子时，则欣然接受。

所谓戴高帽子，是一种形象说法，指的是吹捧、恭维别人。教育中，教师及时、适当地给学生以赞许、表扬、激励等，就会让学生产生继续努力的心理。心理学中，这种做法被称为期待效应，也叫做皮格马利翁效应或罗森

塔尔效应。皮格马利翁是希腊神话中年轻的塞浦路斯国王，同时他也是一位手艺精湛的雕刻家。一次，他为雕刻一个美女石像倾注了全部心血，把她刻得活灵活现，栩栩如生，最后自己竟情不自禁地爱上了她。为此，他日思夜想，茶饭不思，最后感动了宙斯（天神的领袖），把这个石像变成了真正的美女，满足了皮格马利翁的愿望。

美国哈佛大学著名心理学家罗森塔尔曾经做过一个训练笨鼠为聪明鼠的实验。1968年，他和雅各布森教授把这个实验扩展到人的身上。他们带着一个实验小组走进一所普通的小学，对校长和教师说明要对学生进行发展潜力的测验，在6个年级的18个班里随机地抽取了部分学生，然后把名单提供给任课教师，并郑重地告诉他们，名单中的这些学生是学校中最有发展潜能的学生，并嘱托教师在不告诉学生本人的情况下注意长期观察。8个月后，当他们回到该小学时，惊喜地发现，名单上的学生不但在学习成绩和智力表现上有明显进步，而且在兴趣、品行、师生关系等方面也都有了很大的变化。这一现象被称为期待效应或罗森塔尔效应。

课堂教学中，班主任工作中，表扬、赞美、鼓励，是被鼓励使用的。但一些任课教师，一些班主任，不管具体情形，随时准备好了多顶高帽子，只要学生有了他们认为值得赞美的因素，一律给予高帽子戴。有的班主任，好像找到了带班的法宝，仿佛只要有了高帽子，学生一戴上，就万事大吉似的，结果发现，高帽子戴多了，学生竟然翘起了尾巴，有的甚至把尾巴翘到天上去了，起了一些负面作用。

高帽子，学生需要，但高帽子泛滥，毕竟不是什么好事，不要滥戴高帽子。

"捧"亦"杀"

中国社会，在孩子教育问题上，传统的做法一直都是以严厉管教为主，"教不严，师之惰"，好像只有打骂，孩子才能成人、成材似的。后来，我们发现，一味地打骂不是好办法。于是，从西方引进了一些教育孩子的方法。这些教育方法中，以赞美、鼓励为主要倾向，并被视为最为有效的方法。例如赏识教育，就曾经被作为最好的方法而推广。

从现实来看，过度表扬、激励，容易导致学生滋生以下毛病。

1. 自恋。自恋的人往往有强烈的天生优越感，自信心超出实际情况，极其渴望获得赞赏。对于儿童自恋的起源，一般认为，过度夸奖孩子时，孩子会出现自恋特征。儿童自恋还可能诱发攻击性行为，心理健康出现问题的风险也会增加。

一个过于自恋的学生，心目中就只有他自己，在他自己的眼里，唯有自己才是最优秀的一位，别人都不如自己。这样的学生，教师批评不得，同学也惹不起。因为他们心里的那个优秀的自己，是神圣不可侵犯的，哪怕是家长，哪怕是教师。

攻击他人，是自然的结果。既然他人都不如自己，自己就有了优势，再加上他们年龄小，直接把他人当做自己可以侵犯、攻击的对象。这就是一些孩子经常与他人闹矛盾的内在原因。

2. 患上"表扬瘾"。即做事情都是为了得到表扬的一种心理，如果做了一件事没得到表扬，就会感到失落或迁怒于他人。

多年来，"好孩子是夸出来"的观念一直在美国教育界盛行并被各地教师付诸实践。孩子们通常每天都会得到肯定，稍有好的表现就可得到言语等方面的奖励。不过，任何观念都不能绝对化，美国各地都开始对这一观念作出反思。《华盛顿邮报》曾经报道说，美国越来越多的教师正摒弃这种"空洞的表扬"的做法。基于心理学以及大脑方面的研究，教育从业者们打算使用一些更精确、科学的表扬词汇，以促进孩子们切实从错误中汲取教训，并承担更多具有挑战性的任务。

斯坦福大学心理学家德韦克的研究显示，夸奖孩子智力高，例如"你太聪明了"，通常弊大于利。经常被夸奖聪明的孩子，更容易逃避那些可能损害他们"声誉"的困难任务。而被夸奖很努力、敢于冒风险的孩子更乐于接受挑战并实现更大的成功，相信智力并非与生俱来而是可以通过学习新事物不断发展的孩子，其长期表现也更佳。德韦克认为，告诉孩子何为优秀表现以及努力方向而非泛泛表扬，对教育从业者来说至关重要。

布鲁金斯学会布朗教育政策中心的一项研究显示，美国 8 年级学生在国际数学竞赛中的成绩只能算得上中等,但他们的"自信心"却非常高——与新加坡、韩国等成绩更好的国家的学生相比,美国学生更容易报告说自己"数学学业较好"。

3. 不珍惜。人们普遍都有这样一种心理:太容易得到的东西,不懂得珍惜。包括表扬在内,学生稍微有一点进步,就给予表扬,给予肯定,就让学生产生错觉:得到表扬也不难,何必那么珍惜?假如国家每年都评选一万个全国劳动模范,那么,若干年后,漫步大街时,随便走一步都能遇上几个全国劳模。这样的劳模,还有多大价值?还能起到激励作用吗?多了,滥了,自然就掉价了。

有一位家长因为孩子没能第一批入队而找到班主任。家长问为什么不让孩子都当少先队员,"让他们开开心心不好吗?"班主任对家长说,入不了队的感受会让孩子难过,可是,让孩子有这种感受不好吗?人生中,不是每个人想当老板就能当老板,想读博士就能读博士,从现在起,就应该让孩子慢慢懂得:好东西不是人人都能享有的,要靠努力和竞争,有时候即使自己努力也可能得不到。但如果孩子想得到的东西,我们来帮他得到,那么,他以后难以很好地学会面对这个复杂的世界。用投票的方式来选举第一批队员,一方面是培养孩子的民主意识,另一方面让孩子懂得:自己生活在一个群体当中,群体对自己的评价是有意义的,要努力取得周围人的信赖和好感。孩子既然已经摔跤了,就让他哭一场吧,如果要帮他,就告诉他摔跤是不可避免的,今后小心就是了,我们没有能力为他修好一生走的路。

换句话说,让学生通过自己的努力得到奖励,得到表扬。这样的奖励,这样的表扬,含金量才高,学生才懂得珍惜。否则,他们是不会把得到的表扬和奖励放在心上的。

4. 产生错觉。学生在得到班主任过多的表扬之后,很可能就会觉得生活中、学习中,一切都是顺利的,人生的道路上一切都风平浪静,从而降低他们应对困难、面对挫折的能力。天上星多月不明,世上人多路不平。孩子走向社会,能保证天天顺利,天天快乐吗?我们要让学生明白一个简单的道理:人生之路不是一帆风顺,要经得起各种批评和打击,哪怕是委屈。

学校毕竟不是欢乐谷,不能让每个学生天天快乐,学习有了困难,他会有畏惧心理，不守纪律受到批评，他绝不可能开心。可是，如果我们一味地肯定，一味地表扬，学生就会回避现实，乃至遮蔽现实，形成不健康的心理。

5. 形成虚假的自我认知。一个孩子，在班级中，如果常常都能得到班主任廉价的表扬，渐渐地，他就形成一种意识：我非常棒！而实际上，他可能本来就是平常人，平常的学习，平常的为人处世。如果孩子常常得到的是"你真棒"，久而久之，这个学生就很有可能会形成虚假的自我认知，觉得自己真的非常聪明，非常棒，无论做什么都会赢得夸奖，直到某一天现实会击碎这个神话。届时，孩子的幻灭和挫败可想而知。

开学都已经好几天了，沈阳某重点高中的高二女生王丽（化名）竟宅在家中不愿上学。这个从小到大一直是家长、教师心中品学兼优的好学生，这个不上网，不玩手机，不晚归，不早恋的学霸突然做出如此举动，让家长和教师惊诧不已。

王丽突然在开学当天，身体出状况了。"主要是腹泻，有时候疼得腰都直不起来。"原来，上一学期期末考试，一直是前三名的王丽突然考到了十三名。王丽大哭一场，在成绩单上写下"这是一次最耻辱的成绩"。这就是真正的原因。王丽一直生长在他人的表扬和赞美之中，而一旦考砸了，心理就难以承受，身体就出了问题。

表扬和赞美，本来是为了让学生在充满了鲜花和掌声的道路上快乐地成长，但真理再向前迈进一步，就会成为谬误。表扬和赞美，如果使用不当，也可能走向负面，产生相反的效果。

激励也要讲究艺术

班主任如何激励学生，有诸多方式方法，如榜样激励、警句激励、情感激励等。这些激励方法，在班级管理中，都是有效的。然而，作为一门育人艺术，激励怎样才能达到最佳效果？

在学生最需要激励的时候，给予激励

她叫张晓丽，是班里的女汉子，经常纠集男生打架，很难缠，影响了整个班风。据老师们反映，初一时，她曾经是班里的前五名，后来，觉得谁都看不起她，她也看不惯别人，就开始结伙打架，后来就每况愈下了。

一天，趁办公室里没有别的老师，班主任把她叫到办公室，两人平等地面对面坐着。班主任真心地对她说："孩子，你知道吗？你身上充满了灵性，老师一进班就喜欢上了你，你是我接班以来第一个谈心的人。"说到这里，她的眼里有了光泽，班主任接着说："老师看人很准，相信我，你是个绝对聪明的孩子，如果你愿意做，你是个各方面都很优秀的孩子。"她眼里蓄满了泪水："老师，我以前……"班主任打断了她的话："我不管你的以前，我只看你的现在和将来。老师拜托你一件事好吗？"她用力地点下头。"你能帮我管理班级吗？"她瞪大了眼睛，班主任悄悄告诉她："你是我最信任的学生。"她很激动地说："行！"班主任话锋一转："当班干部可要自律哦，包括学习、纪律、团结同学等。"她豪爽地回答："老师，我答应你，你这么看得起我，我绝对不辜负您的期望！"看着她那自信的目光，班主任会心地笑了。

从那次谈话以后，老师、同学们反映，晓丽整个人都变好了，爱学习了，守纪律了，团结同学了。

这样的激励，就是针对性强的。她原先学习成绩好，后来就变了。原因也很简单：没人欣赏。那么，对她而言，此时她最需要的，就是老师的肯定，班主任的激励。班主任给她以肯定，给她以赞美，让她心里感到温暖，激动异常，从而奋然前行，各方面都取得了进步。

任何人，在不同的阶段，都有着不同的需要，学生也是这样。班主任要善于观察，善于揣摩，走入学生的内心世界，才能摸透学生的心思，明了他们的内心需要。需要什么，就给什么。

班主任工作的最大秘密就是发现，发现学生的内在需求，从而更有针对性地给予。

不可笼统，要具体到个人，到具体事件

有一位教师拿着一位学生的作业本说："你看，这道题这么难，全班只有几个人做对了，其中就有你。这么难的题都会做，还担心自己的成绩不上升？"这名同学本来不喜欢这门学科，经过老师这样几次的表扬，对这门学科一下子来了兴趣，后来成绩果然就上来了。

时下，一些班主任也喜欢表扬学生，但在很多情况下，总是表扬全班同学。如果班主任此时多一个心思，就可以发现，此时的学生，可能仍然面无表情。因为大家都彼此彼此，谁也不比谁强，谁也不比谁差。由此看来，这样的好话等于没说，这样的激励等于没有激励。

有的班主任可能会认为，表扬全班学生，那么多人都得到了表扬，不是比表扬一个两个更划算吗？我们需要明白的是：表扬不是做生意。做生意讲究的是规模效应。规模越大，效益越好。教育是育人的，面对的是一个个有思想，有情感的活人。他们需要什么，接受什么，排斥什么，都是在自己的主观情感，自己的价值观的引领下进行的。并不是老师给予什么，他们都照单全收，而是有选择的接受。一个喜欢出风头的学生，绝对不会对老师的平均式的表扬感兴趣，他所期望得到的，是针对其个人的表扬。

表扬要新颖

有一位学生的字写得非常漂亮，老师们经常表扬他，但这位学生并不在意。因为从小学到高中，老师都这样表扬他，他已经习以为常，神经麻木了，对老师这样的表扬已经没有了任何兴趣。但新班主任还是表扬了这名同学写的字，他这样说："我发现你用楷书写的字比用行书写的字漂亮得多！"这名学生听了很高兴，果然在他的课堂上主要以楷书为主，再也不写行书了，老师批阅作业也方便多了。

说表扬与激励是一门艺术，不仅仅是指应该富有情感地、针对性强地灵活地进行。更重要的是，要有新的发现，从需要表扬与赞美的对象身上发现新的闪光点。这就需要班主任有发现的眼睛，有标新立异的创新思维。这就是艺术的精髓。否则，激励的艺术，就只剩下干巴巴的几条干瘪的文字了。

笔者班上，有一女生，作文写得尚可。每一次，我都给予"较好，请继续努力"的批语，并给予高分。但在她每一次拿到作文本后，我都观察到，她表情平淡，熟视无睹。后来的一次，我在她的作文后，批了这么几个字："我发现，你的文章，文句比原先简练多了。"也给了一个高分。这一次，作文本发下去后，她反复端详了几分钟，脸上挂满了笑容。这就是换个角度激励的效益。实践证明，她以后在写作中，文句真的就更简练了。

该奖则奖　该罚则罚

奖励与惩罚，都为教育所必需，缺了其中之一，就是不完全的教育。

学生小刘在晨读时间出教室倒垃圾。老师批评他影响了班级常规得分并让他在教室外反省，但是小刘站了一会儿就跑掉了。此时的班主任该怎么办呢？

班主任首先赶到小刘家。小刘的妈妈正在等他回家吃饭，老师首先向她说明了小刘挨批的事。家长说："自己没做好，老师批评一下罚一下是应该的。竟然还走啊，哪里像样！"于是小刘妈妈马上就去网吧找，但是没有找到。最后老师发现小刘在学校外面的小店里和同学玩，班主任立即通知家长孩子找到了，并把小刘带回办公室教育。

班主任询问小刘出走是不是因为对上午的批评处罚不服气。小刘说是，并对他在上课时倒垃圾的原因做了解释。班主任发现虽然此事小刘有责任，但是事出有因，自己没有详细了解情况就处罚小刘，确有不当之处，老师在诚恳道歉之后，才对小刘的错误做了批评，并教他今后遇到这种情况的处理办法。

班主任陪小刘一起来到班上，老师对大家说："今天小刘的事是个误会！我错怪了他，在此我当着全班同学的面向小刘道歉……"

上课出去倒垃圾，这肯定是违犯了课堂纪律，挨了班主任的批评是应该的。不批评，就是纵容学生。批评了，可以让学生认识到自己的错误，也可能让其他同学警醒。此时，班主任与家长联系，与学生沟通，在班上解释，处理得十分恰到好处，学生、家长都心服口服。

对学生，不是不能批评，关键在于怎样批评。班主任该怎样做，要把握好一个度，并尽可能做好后续工作。

2009年教育部印发的《中小学班主任工作规定》第四章班主任的"待遇与权利"部分第十六条明文规定："班主任在日常教育教学管理中，有采取适当方式对学生进行批评教育的权利。"教师终于可以名正言顺地批评学生了，让很多一线教师欣慰。他们欣慰的是，本来属于自己的权利，终于又回到了自己的手里。本来，教师批评学生，就像家长批评自己的孩子一样，是很平常的事情，可是，由于各种原因，却被剥夺了，让教师在管理学生时，很多情况下感到束手无策。有了文件规定，教师终于可以适当地批评学生了。

班主任在批评学生时，不能简单化，应该先想清楚三点：

1. 我了解学生吗？
2. 我尊重学生吗？
3. 我查明了事实吗？

如果在批评学生前，班主任对这三个问题都心中有数，批评就会针对性更强，也更有效。

李老师每接手一个新的班级，总会对学生说："同学们，老师认为尊严是一个人生存的根基，所以我会尊重每一个学生，一般我不会在班级公开批评任何一位学生，因为被公开点名批评是很丢面子的事情。同学们第一次犯错的时候，我会微笑着提醒你；第二次犯错的时候，我会找你好好地聊一聊；第三次犯错的时候，我就会严肃警告了。如果超过三次，那老师只有公开点名严厉批评了，因为你一点也不顾及老师一而再再而三的警示。希望大家不要给老师创造批评你们的机会。"于是学生在李老师面前很少重复犯错误，他们的师生关系一直都很和谐。

班主任的有言在先，让学生有了一定的空间，让学生在这个空间内拥有了自我选择的余地，不至于走极端，符合学生成长的规律，弥合了师生之间的和谐间隙。所以，班主任对学生的批评，除了做好前期工作，还需要讲究一定的艺术，就可以取得更好的效果。

唤醒成长的内在动力

人的成长，外在的鼓励、激励、表彰等，可以激发前进的力量，让人在一定时间内奋发上进。有一些学生，他们能将外在的激励转化为内在的动力，并由此拥有了成长与发展的不竭动力。但是，更多的人则是把外在的激励，仅仅作为外在的力量，未能转化为内在动力。在外在激励未能持续之后，就可能丧失前进的动力。

有人说，让人厌倦某事，最好的办法就是外在奖励。

一群小孩，一到了周末，就在小区里唱歌跳舞，吵吵闹闹。一个老人家被吵得没法，但又不好去驱赶。他想到了一个妙计。这些孩子在吵闹的时候，他每人奖励一粒糖果。孩子们非常高兴。一连几天都是这样。后来，奖励慢慢取消了。孩子们也就再不吵闹了。孩子们当初是出于天性玩耍，后来则是为了得到糖果，再后来，没得到糖果，就感觉到吵闹也没什么意思了，就停止了。

缺乏内在动力，学生的成长就成了问题。班主任需要做的是两件事：一是把外在的动力转化成内在动力，二是引导学生形成内在动力。

上海名师王卫明在《班级激励》一书中说，积极心理学相信在每一个人的内心深处，都存在着两股抗争的力量。一股力量是消极的，它代表压抑、侵犯、恐惧、生气、悲伤、悔恨、贪婪、自卑、怨恨、高傲、妄自尊大、自私和说谎等；另一股力量是积极的，它代表喜悦、快乐、和平、爱、希望、负责任、宁静、谦逊、仁慈、宽容、友谊、同情心、慷慨、真理、忠贞和幸福等。这两股力量谁都可以战胜对方，关键是看个体自身到底是在给哪一股力量不断注入新的能量，在给哪一股力量创造适宜生存的心理环境。

很显然，班主任所要做的，就是给学生以积极的力量，让他们在与消极因素的抗争中处于优势地位，从而战胜对方。

要使外在激励转化成内在动力，班主任需要营造和谐的环境，让学生在得到奖励的同时，享受到学习或成长本身带来的快乐，而不是享受得到激励的乐趣。

八、不宜只"算总账":"吾日三省吾身"

怎样对待学生的缺点和错误?是经常督促、批评还是算总账?不同时期算账会带来不同的效果,不同的算账方式,需要慎重对待。当然,也不可能存在万能的算账方式。但不论采取怎样的方式,都需要斟酌后再实施,都要有利于学生自我反省,自觉改正,从而健康快乐地成长。

不能忽视了过程

细节看起来微不足道,有时候却举足轻重,关系成败。成功与失败,常常就差在那么一点点的细节处理上。过程就是由细节构成的,忽视了细节,就忽视了过程。

学生的成长也是这样,他们是未成年人,平时,在他们身上,可能存在着这样那样的缺点和错误。有的缺点,看起来并不大,而且,对学生眼前的影响也很小。在有的班主任眼里,因为是小节,就被忽视了。殊不知,这些被忽视了的小节,可能真会对学生以后产生深远的影响。

当学生在某些细节上出现了问题,班主任不能视而不见,听而不闻,应该选择最好的时机,以最佳的方式,给予指出,以补过失,以免学生再犯。

有一名男生小明,违纪现象天天都有,并经常拿别人的东西,班主任李老师多次批评教育都不见效。一天下午,他妈妈来找班主任,说小明中午拿回家两朵小红花,说是因为他表现好,老师奖给他的。李老师对他妈妈说,红花不是老师奖给的。他妈妈听后又气又急,连声说:"这孩子又撒谎,真该打!"李老师说:"听到这个消息我很高兴,不管怎样,孩子把红花拿回家,是想得到你的表扬,这说明他有上进心,我们应该抓住他的这个特点,引导教育他。"他妈妈深有感触地说:"对!这孩子就是喜欢被表扬……"

课外活动,李老师把小明带到办公室,问他:"你知道老师为什么带你来吗?"他摇了摇头,老师说:"老师先给你讲一个故事。"老师把美国总统华盛顿小时候砍倒父亲心爱的樱桃树,主动承认错误的故事讲给他听,接着又说:"老师今天丢了两朵小红花,你能帮老师找回来吗?""老师,我能!"他的眼睛亮起来,接着又低下了头,说:"红花是我拿的,我看到别的同学们都有小红花,我也渴望有一朵,今天中午放学后,我趁没人注意,从讲桌里拿走的。老师,我错了……"望着孩子天真的眼睛,李老师说:"老师不批评你,而且还要奖给你两朵,一朵是因为你诚实,一朵是因为你敢于承认错误,你拿的两朵红花你自己留着,你每进步一次,得到老师的表扬,你就在光荣榜上自己名字的后面贴上一朵,好吗?"他泛着红光的脸上充满了自信,点了点头。

第二天,李老师发现他从来没有像今天这样守纪律,上课听得非常认真,课间主动把教室里的桌椅板凳排得整整齐齐。老师及时地表扬了他,并在光荣榜上帮他贴了一朵小红花。

学生身上的小错误,班主任需要正视。而正视的最好办法就是巧妙地让其改正。班主任工作中,及时发现问题,及时指出错误,乃至帮助学生改正错误,是非常有必要的。

有一位学生,平时有一个怪癖,喜欢拿着小刀在树木花枝上刻这刻那。为此,班主任批评过他多次,总不见效。有次家访,班主任赵老师本来想与家长谈谈这件事。但在无意中听他妈妈说,他在家一有空就学着搞嫁接、植物栽培,还指点老师看他嫁接成功的几种植物——仙人球上竟插活了几种花卉。老师眼前一亮,想不到他有这般本事。联系到他平时的怪癖,赵老师重新调整了教育方式,肯定了他在嫁接方面的长处,同时指出他随便在小树上刻画的错误,并让他试验在班里的仙人球上嫁接菊花,他很快就改掉了原有的毛病。

这个孩子身上的毛病,由爱好嫁接而来。只是因为年龄小,才随意乱刻乱画。老师的职责就是帮助学生长善救失,而不是在倒洗澡水时把孩子一起倒掉。既要让学生改掉错误,又让其保持兴趣和爱好,这就是班主任要做的事情。喜好嫁接而任意在树木花枝上乱刻乱画,是一种坏习惯,如果不为他指出，就是在纵容他，就会害了他。最理想的结果是：改掉坏习惯，发挥其特长。这位班主任就做到了这点。

为什么要"算账"

算账是计算账目的意思，这里是借用来指班主任对学生的缺点错误进行批评指正。

算账的目的就在于弄清事实的真相，并在此基础上做出判断，弄清楚是非，并拿出相应的措施，进行改进。

班主任为什么要算账？目的在于为学生指出缺点和不足，并帮助其改进，从而健康快乐地成长。就是说，算账的目的不在账本身，而在账之外，在于学生的身心健康成长。对学生及时进行算账，可以让学生及时发现自己身上的缺点，及时进行改进。

人的自我认识，不是一件简单的事情，尤其是那些未成年的学生，自我认识存在更大的障碍。他们的生理和心理发育都还不成熟，还远未达到能够全面认识自己的程度。他们要么完全地自我肯定，要么完全地自我否定。特别是小学生和初中生，他们的元认知监控能力还不强，对自己的认识和行为的监控，还远没有成熟。所谓的元认知监控能力实质就是作为个体的自己对自身认知活动和行动的自我意识和自我调节能力。很显然，对小学生和初中生来说，他们的自我认识，自我监控的能力，是比较差的，所以，就需要作为成年人的教师的引领，以帮助他们更好地认识自我，监控自我，发展自我。指出学生身上所存在的缺点和错误，是教师的职责之一，并不是外加于班主任身上的东西。

学生身上的缺点、错误，不及时替他们指出来，就可能会越来越严重，到了最后，很有可能会影响他们健康成长，乃至正常发展。"小洞不补，大洞难补""失之毫厘，差之千里"，说的都是缺点和错误需要清算的意思。

实际上，从发展的角度来看，人的成长和发展是一个不断发现自己的错误和不足，并不断试图改进的过程，缺乏这样的过程，人的成长就是不完整的。这就是算账的必要性。

"算账"何必到秋后

北方人的秋后算账,是因为受农作物一年才一熟的制约。在秋天到来之前,作物还没有成熟,也就意味着还暂时没有收入,账就无法算清。待到秋后,作物成熟,收割之后就有了收入。此时,支出多少,收入多少,一目了然,两项一减,盈亏一算就明白。

班主任工作面对的是人,是每天都处于成长之中的人,批评,指出他们的错误,随时可以进行,学生在班主任的帮助下也就可以随时看到自己的缺点和不足,从而及时改掉。

秋后算总账,这可能是一些班主任的想法与做法。他们平时总是睁只眼闭只眼,对一些学生的不良表现听之任之,没有做出自己的评价。实际上,对那些身上存在不少毛病的同学而言,班主任的视而不见,不表态,就是对其行为的默认,就成了一种纵容。在这样的情形之下,他们就很有可能更加放肆,更加肆无忌惮。有些情况下,学生在表现出不良倾向的时候,他们就是在对班主任的态度进行试探,进行拷问,乃至挑衅。他们就是在投石问路,由此来检验班主任的态度。

李磊是汪老师班上的一名男生,优势科目是数学和物理。可在开学两周后的一次数学测验中,150 分的试题他只得了 5 分。并且奇怪的是,他只答对第一道选择题,后面的选择题则在括号里写上错误答案,而在括号外写的答案则是正确的。

班主任汪老师拿着数学卷子找到他。一开始,他只瞪着老师,不说话。汪老师主动表扬他开学来的表现,以及数学方面的天赋。最后,他憋出一句话:"我烦她!讨厌她!"他口中的她正是数学老师。汪老师惊讶地问他:"数学老师经常向我表扬你啊?你怎么对老师有情绪呢?"他说数学老师瞧不起他,同桌作业有错误,老师找他谈话,而他出错,老师不理他。汪老师一听,觉得好笑,这孩子实在故意犯错呢!他是想寻求关爱,怕被别人忽视,这次数学考试是在试探数学老师呢!汪老师笑着说:"这件事数学老师和我说过的,他说你数学很有天赋,可是做作业不认真,还生你气呢!"当然这些话是她随意编出来的。真实原因是，老师感觉他是单亲孩子，不敢轻易找他谈话。

李磊听汪老师这么一说，也感觉这次自己做得不对。汪老师希望他主动去向老师道歉。当然汪老师预先和数学老师进行了沟通。于是在李磊道歉时，数学老师和他进行了交心的谈话，效果非常好。现在，每次数学测试前，都会和老师打赌，赌自己能考多少分。

李磊身上的毛病，如果听之任之，不及时向他指出来，就很有可能会造成师生对立，严重影响了他的学习成绩。

学生有可能做出一些反常的举动，作为一班之主的班主任，应该在这方面有一定的敏感性，一旦发觉学生的反常或怪异行为，就要立即引起警觉，与学生沟通，或从其他学生那里了解情况，不能置之不管。

现在的学生，他们思想比较复杂，对班主任，他们可能经常在琢磨着怎样对付，怎样与班主任捉迷藏。班主任就要多一份心思，多一个脑袋。有时，还要拥有一双火眼金睛。

"小账""大账"都得及时算

居安思危，忧患意识是班主任班级管理时需具备的重要意识。班主任如果能够保持冷静的头脑，密切注意班级中所存在的和遇到的问题，及时发现问题、揭露问题、解决问题，就能牢牢抓住班级发展的脉搏，及时解决班级发展中的问题。相反，班主任在工作中，如果不能及时发现问题，或不能及时妥当地处理问题，学生存在的问题将扩大，一发不可收拾，带来严重后果。发现问题是为了有效解决问题，不让问题重复发生。

所谓的问题，就是学生的一些不良行为。学生的这些行为，一般可以直接观察到，只要班主任比较勤快，比较敬业。例如班上的卫生区，是否按时打扫了，是否打扫得干净彻底，只要一看就知道。打扫不及时，不干净，就赶紧让学生或者让班干部叫值日生打扫就可以了。否则，就可能发现不了问题，问题就不能及时得到解决。

有的学校规定班主任必须"三到岗"：早读到岗，课间操到岗，宿舍到岗。早读到岗，可以引领学生学会早读、规范早读；宿舍到岗，指导学生学会个人内务整理，并通过和学生交流，发现学生生活中、思想上的困惑，及时帮助；课间操到岗，督促学生规范做操，提高身体健康水平。

千里之堤，溃于蚁穴。善于发现，才能防患于未然。

一天，班主任钱老师从办公室走向班级。当她走到楼梯拐角处的时候，发现她班上的一名女同学董某正与初二的一名姓马的同学在说着什么，声音不大，看见了班主任之后，他们马上停止了说话，并向她解释："互相借点东西。"钱老师听了点了点头，没有说什么。但从他们的表情中看出，她觉得绝不是借东西那么简单，一定有什么问题。她让自己班的董某马上回班，要布置任务。后来，钱老师晓之以理动之以情，一番说服下，董某终于把事情的来龙去脉说清楚。原来，他们的谈话居然牵涉一场二十多人之间的矛盾，侥幸的是发现得早，否则麻烦就来了。

全班20多人的矛盾，一旦爆发，就有可能酿成非常严重的后果，而且，有可能会严重到伤人的程度。被钱老师发现了，制止了，就避免了一场可能流血的冲突。

班主任应深入班级，走近学生，走进学生的心灵。只有这样，他们才能用心观察，才能发现源头活水，汲取源头活水，做一个工作中的有心人。有经验的班主任心里都明白，班级中的很多问题往往是从学生那里了解到的，即使是亲眼目睹的现象，也是事后再深入了解，从当事人和同学那儿得知详情的。相反，班主任如果只是高高在上，总是待在办公室里埋头批改作业、备课或上网聊天，是不可能发现学生中的问题的。

勤快，是当好班主任的重要素养。一个勤快的班主任，就会常常走进学生，了解学生中存在的问题，并能够及时采取措施，进行处置。

算账也得讲究

小账大账及时算，也不一定就是对学生身上所有的问题都刨根究底，都一一指出，并一一改正。如果这样，学生也会觉得烦，烦老师，烦班级，烦学校，那么，班主任的工作也就更难做了。

算账，也要讲究方式方法，不是随随便便就能算好的。

八、不宜只"算总账":"吾日三省吾身"

"金无足赤,人无完人",成人如此,更何况处于成长中的学生。由于各方面的原因,他们会犯一些错误,如迟到、缺旷、打架、骂人、偷窃等,如果这些行为长期发展下去,会使学生不能健康成长,甚至将来走上犯罪的道路,所以,对学生的错误既要理性看待,但也不能姑息迁就,一定要及时进行教育,使其改正。

班主任是教育引导学生改正错误的关键人物,对学生的错误如果处理得当,可以使学生知错就改,还可以在师生之间建立融洽的关系,反之,不仅不能使学生知错改错,还会使师生关系紧张甚至恶化。

一些年轻教师在刚当班主任时,认为对学生只要严,学生就会服管,因此对学生所犯的错误不能容忍,一见到学生犯错误就大声呵斥,然后写反思,请家长,但效果并不理想,许多学生不仅不改,还产生了逆反心理。

宽容是让学生悔改的一帖好药。宽厚,宽大,宽容,这些都是班主任在找学生"算账"时应该还拥有的心怀,这样的心怀,可以使学生在宽松的环境里进行深刻的自我反思,自我改悔。苏霍姆林斯基告诉我们:"要像对待荷叶上的露珠一样,小心翼翼地保护学生幼小的心灵。晶莹透亮的露珠是美丽可爱的,却又是十分脆弱的,一不小心露珠滚落,就会破碎,不复存在。"对待犯错误的学生,需要用耐心和爱心为他们筑就一个台阶,给他一个自省的空间,给他一个改进的时间,他们认识到了错误,才会努力改正并向老师、班集体靠拢。

尊重学生。及时地、艺术地对待学生的错误,还要尊重学生,千万不能因为学生的一点错误而不尊重他们。教师不要盛气凌人地训斥、辱骂学生,而要善于唤醒学生、激励学生、鼓舞学生,保护学生的自尊心。例如某班上的高个男孩,总是欺负比他小的孩子。怎么处置?班主任观察了一段时间,找他谈心,了解情况。原来,他的性格是家庭造成的。于是,班主任慢慢引导他,引导他和同学友好相处。后来,他再也不欺负小同学,反而常常帮助同学。如果班主任不管三七二十一,首先训斥一顿,效果恐怕就要大打折扣。

不急于表态。就是要冷处理,暂时放一放,先让学生着急。班主任如果在短时间内就表态,学生就可能感受不到内心紧张的滋味,也不会自我反思。先让他们紧张一番,然后哪怕是再轻描淡写地表表态,效果胜过千言万语。

九、罚"此"奖"彼"非妙法：欣赏才是硬道理

只要有人群的地方，根据一定的标准去衡量，总会存在好、中、差。人们发明了一种激励人群的办法：罚"此"奖"彼"，赏罚分明，并被很多人奉为法宝。在一些班主任的实践中，还被发扬光大，创造出了一系列更具体的实施办法，用以处置班上优生和"差生"。但这是一种简单化的做法，其衍生出来的弊端，应引起人们的高度重视。

实际上，如何对待一部分学习上落后的学生，对班主任而言，值得细细斟酌，来不得粗疏和马虎。

被奉为法宝的妙法

甲地某校对违纪学生罚款，罚金将用来奖励成绩优良的学生；乙地某校实行校服差异化，红校服只有优秀生穿，普通生穿蓝色或白色校服；丙地某校3个男孩因不守纪律被罚脱裤子在操场上跑步。

奖优罚劣是市场竞争的产物，能起到激励先进、鞭策后进的作用，这是行政管理中一种行之有效的手段，但是，将这种机制运用到学校班级管理中，属于简单搬用，也属误用。因为班级管理的对象是学生，而学生是成长中的人，成长是他们的目的。其他领域的管理，目的不是人的成长，而是为了提高运营效率，有着性质上的不同。

所谓的奖优罚劣，在此有两个意思：一是指既评选、奖励成绩优秀的，也评选、惩罚成绩较差的，二者并重，以此来褒扬先进，鞭策后进；二是直接以惩罚成绩较差的来奖励成绩优秀的，收取成绩较差的学生数量不定的罚金，用来奖励成绩优秀的学生。

九、罚"此"奖"彼"非妙法：欣赏才是硬道理

罚"此"奖"彼"措施，成了一些班主任工作经验介绍中的重中之重，成功的"秘籍"。一些班主任在先进经验介绍之中，直接把罚"此"奖"彼"作为自己的成功经验进行介绍。

奖励、鼓励先进，这是很多班主任一贯的做法。在每个学期结束时，班主任都会评选出一批优秀学生，让那些平时表现优秀的学生榜上有名，甚至得到物质性的奖励。另一方面，还要评选出那些成绩差的，也让他们亮亮相，并进行惩罚性质的做法，甚至向他们收取一部分罚金，作为奖励成绩优秀学生的奖品。这样，好的获奖，差的受罚。奖罚分明，各得其所，共同进步。

班主任的愿望是好的。他们希望通过这样的方式，让全班学生都获得进步。但是，这只是班主任个人的美好愿望，不一定就能变成现实。对那些表现差的，成绩差的，进行一番惩罚，他们就一定会发奋努力，一定会取得进步？

人是有思想有意识的动物，人的思想意识是很复杂的，"差生"受罚后就一定能幡然醒悟从而进步？不一定。他们更有可能破罐子破摔，从此更加意志消沉，吊儿郎当，走下坡路，直到混不下去了。受奖的，一定能够保持上进的心态？也不一定。一个骄傲自满的学生，恐怕就有可能不再继续努力上进，而停下前行的脚步，止步不前。

教育需要适当的处罚，但教育的惩罚与成人世界的惩罚性质是不同的。因为教育的根本目的在于人的健康成长，而不是班级工作本身的好与坏。实际上，班级工作本身的好与坏，直接目的还是在于学生的成长。教育目的的特殊性，决定了罚"差"奖"优"做法的不可行。

但是因为这一做法可能存在着短期直接效应，特别是在应试教育体制下，能够鼓励一部分优秀学生上进，考上理想的学校，一般而言，学校领导也不反对，也就是默认，睁一只眼闭一只眼。这种做法，能让一部分学生考试出彩，又能满足教师、学校对考试成绩优异的追求，所以，它的存在就获得了一定程度的认可。尽管它不合理也不合法，更不人性。

只要现实中存在着对分数的追求，那些能够让学生取得好分数的奇招、怪招就一定会应运而生，并具有强大的生命力。

罚"差"奖"优"就是分等

几年前，某中学初一年级班主任兼英语老师，罚月评成绩落后的学生给成绩在前三名的学生买奖品。具体情形是，月评时如果所在学习小组的成绩分数是倒数三名，那么，倒数的这三个小组里的每个学生，就得掏钱给前三名小组的学生买奖品。学生用的是零花钱，没有零花钱或零花钱用完了的，就向父母亲要。老师认为这样做是为了激励学生相互学习，共同提高。实际上，当时全校不只是一个班这样做，甚至初中部、高中部都有这样做的。

这样的做法，就是做了一件把学生分等的事情。学习成绩好，就该享受成绩差的为他们送礼物，而学习成绩差的，就应该为成绩好的送礼物。成绩就成了划分等级的最为重要的标准、杠杆了。

奖与罚，本是管理的必要手段。不论是班级管理还是学校管理，奖与罚都有它的必要性。问题在于，如果由此而带来了人际关系上的等级，就复杂了。学生，不论他们成绩好与差，都是同在一个班级里的同学，他们之间，本来很可能有着平等而和谐的关系。可是，礼物一送，关系就变了，把他们拉进了一个有着高度等级差别的网络之中，纯洁的心灵被不平等的关系所玷污了。这不是危言耸听。实际上，只要我们想一想：现实社会中，为什么有的人死活不情愿给人送礼？那是因为一送礼，人就变得不平等，变得世俗了。本来可能是和和气气的，融洽的，礼一送感情就变味了。

人与人之间，最怕的就是分出了高低不同的等级。特别是那些成长中的学生，他们的心灵世界，虽然不可能是完全的纯洁无瑕，但我们还是希望他们不被世俗污染。本来，班主任的责任就在于引领学生健康成长。现在，有人居然让一部分学生背上了沉重的思想包袱，让他们抬不起头来，这不能不说是工作上的失误，而且是比较大的失误。

更为严重的问题还在于，"低等级"的供奉"高等级"的，考差的去崇奉考优的，对那些成绩差的学生而言，无疑是一种贬低、一种责罚、一种伤害，而且是在本班同学的面前。值得我们深思的问题有：学生情愿吗？不论是成绩差的还是成绩优的，都存在这样的心理。对成绩不优秀的学生而言，他们心甘情愿？丢得下脸吗？对成绩优秀的生来说，他们好意思吗？大家天天在一起，他们都伤不起。

实际上，奖"优"也未必非得罚"劣"，同时，罚"劣"也并非非得奖励给"优"，二者并非就一定要同时进行。奖励优秀的奖品，也并不一定就要取之于"劣"者，渠道多得很。

教育的目的就应该让所有受教育者各得其所。让优秀的保持或更加优秀，让落后的尽快赶上队伍，最后，都能到达光辉的顶点。

摒弃"差"与"优"的刻板印象

在现实中，我们对所谓的差生与优秀生，还存在着泾渭分明的看法：

1. 优生做好事，德才兼备；差生做好事，不务正业。
2. 优生成绩好，理所当然；差生成绩好，肯定偷看。
3. 优生体育好，生动活泼、全面发展；差生体育好，四肢发达、头脑简单。
4. 优生长得好看，才貌双优；差生长得好看，绣花枕头。
5. 优生爱劳动，有劳动本色；差生爱劳动，发展了特长。
6. 优生爱说话，直爽开朗；差生爱说话，狗嘴吐不出象牙。
7. 优生上课小动作，好学多动；差生上课小动作，无心学习。
8. 优生不爱说话，文静；差生不爱说话，扮酷。
9. 优生打小报告，有仗义心肠；差生打小报告，专门污蔑人。

以上看法，纯属偏见，完全是戴着有色眼镜看人的结果。学习成绩好，就一好百好；成绩差，就一差百差。差生，就连长得好看都成了缺点。可见在人们的心目中，学习成绩的决定性作用。这是一种"差"与"好"的刻板印象。摒弃我们头脑中那些"差生"与"优等生"的刻板印象，我们的眼前就会是一片敞亮。

班主任在与学生直接交往中，实际上最容易发现每个学生身上的特点。而刻板的印象，陈腐的观念，会让他们只用一个标准去看待学生，只对学生身上的一些特点给予肯定，除此之外的其他特征则给予否定。而在那些被否定了的特征之中，可能恰恰就是保证学生在此后的人生过程中事业成功的重要因素。例如，学生的宽广胸怀，遇事爱思考的特点以及执着的品质等。

每一位成绩差的学生，都是我们只用一个标准衡量的结果，如果我们放开眼界，用发展的眼光，用辩证的眼光去看待，可能就是另外一个模样了。

很多情况下，一些班主任眼里"差生"多，一个很重要的原因还是班主任观念落后，习惯于用落后于时代的观念去观察，去判定每一个学生，结果，看到的都是几乎固定不变的结构：每个班，三分之一的优秀生，三分之一的"差生"，三分之一的中间生。于是，抱怨三分之一的"差生"，喜欢三分之一的优秀生，鼓励三分之一的中间生。如果我们解放思想，开阔眼界，不仅看到每一位学生的学习成绩，也看到他们的其他方面，那任何一个学生在我们头脑里的印象可能就会大变。

在我们的班级里，缺少的不是优秀生，而是发现优秀生的眼睛。当然，这样的眼睛不是天生的，而是后天实践中锻炼的结果。

那些著名的人物，如丘吉尔、爱因斯坦、梵高、姚明、成龙等，他们谁更聪明呢？加德纳的多元智能理论提供了看待"聪明"的新视角。

多元智能理论告诉我们，每个人的智力都有独特的表现方式，很难找到一个适用于任何人的标准来评价一个人是否聪明。因此，我们在回答谁更聪明时有了截然不同的视角。我们不能说谁更聪明，只能说他们各自在哪些方面聪明，以及他们各自怎样聪明。

陶行知先生说过："你的教鞭下有瓦特，你的冷眼里有牛顿，你的讥笑里有爱迪生。"我们不能因为班上的学生身上存在缺点和不足，而责备乃至惩罚他们，这些学生可能正是祖国未来各方面的建设人才。

变"补缺"为"欣赏"

以往，我们在思考班级管理工作时，更多的是从诊断的思维模式出发，针对现实中学生身上存在的问题，然后再考虑采取相应的措施。这样的工作思路，按理说比较科学，针对性比较强。工作中，就不至于放空炮，像用拳头击打棉花一样。可是，我们想过没有，那种以"补缺"为主导思想的工作思路，恰恰忽略了学生的优长，忽视了学生身上已经存在的对他们的学习和成长特别有价值的东西。

例如一个有着长跑天赋的学生，他的学习成绩可能就很一般，甚至比较差。如果按照我们传统的补差的思维方式，先替他把学习成绩补上去，然后再让他发挥自己善于长跑的特长，这样，他就全面发展了，就完全成长了。实际上，在这个时候，我们恰恰忽视了最为重要的东西，那就是用他自己的特长来带动他的学习，或者干脆就让他发挥自己的特长，而且发挥到极致。

"补缺"的办法，恰恰就是学生最不欢迎的办法。为什么？他们已经不喜欢学习了，可能对学习毫无兴趣，我们却硬要强迫他们去学习。这样的强迫，他们愿意接受吗？有效果吗？我们心里是有数的。

一个身上存在缺点的学生，突然要班主任去欣赏，这对一些班主任来说，需要观念和情感上的巨大转变。喜欢学习好、表现好的学生很容易，哪一位班主任都做得到。而要欣赏、喜欢一位学习成绩不那么好、表现可能又比较差的学生，说实在话，并不那么容易，需要一个转变的过程。这不仅仅是观念问题，也是情感问题。需要班主任心灵的超越与理性的自觉。如果把原先那种思维方式比作鸡蛋里面挑骨头，那么，现在的以欣赏为主导的思维方式，则是看到了每一枚鸡蛋的特点，欣赏每一枚鸡蛋。

又一批新生报到的日子。仇老师做了初一（1）班的班主任。开学第一课就在师生的相互认识中度过了。仇老师对这批可爱的孩子印象好极了。

谁知，过了一个课间，当仇老师迈进教室时，立刻被眼前的景象惊呆了：只见地上到处是粉笔头，桌子有的可怜地扑倒在地，有的四脚高高翘起，眼前是一片狼藉。孩子们看到仇老师都慌了，傻傻地站在那儿。一抬眼，仇老师恰巧看见高擎着椅子的那个孩子，仍保持原来的姿势，活像一座雕像。看着他那可爱的样子，仇老师忽然想笑，但尽量控制住了。接着，仇老师把他叫去了办公室。他垂着头，不时用小眼珠偷偷看仇老师一眼，心里一定很害怕。仇老师却没说什么，只是叫他去打了一壶水。

那孩子打了水回来，主动将老师的水杯倒满了水。他倒得很用心，满满的，一点也没溢出来，然后把壶放回了原处。仇老师在旁边悄悄打量着他，发现他衣衫虽然很破旧，但双眼炯炯有神，两道剑眉看上去很有气势，尤其是他刚刚倒水时，一副很认真的样子。于是，仇老师把他叫到身边，轻声说："谢谢你。"他显然没想到老师会这样说，抬起头惊讶地看着仇老师，呆住了。

仇老师没有提刚刚他违反纪律的事，只是对他说了一句："老师很欣赏你做事的认真和用心，我相信你将来会有出息的！"

没想到就是这样一句话，影响了这个孩子以后的学习和生活。

从此，这个孩子学习特别刻苦，各门功课都很优秀。经过三年如一日的努力，最后以全区中考第六名的成绩考入区第一中学理科实验班。后来，又以优异的成绩考入大连理工大学。

教育的方法有很多，最简便的就是处罚，或者狠狠地教训一顿。这样的方法，简便不用说，但效果可能就不那么理想，而且还可能有副作用。仇老师则不同，不是先找缺点，然后再引导，而是在具体的事务当中发现他的优点，以欣赏的态度进行肯定，让学生受到感动。老师的一声"谢谢"就是最好的赞赏，最好的赞美。学生的自尊就这样被班主任给唤醒了。而一个获得了尊严的人，才会真正感到自己活得有意义，活得自在，活得心情舒畅。这种状态下的人，整个精神状态就不一样，就心明眼亮了，前行的路上就可以抬头挺胸了。

每一个学生都有自己发展和成功的潜能，班主任要多搭建活动平台，在活动中去发现学生，鼓励学生，让他们获得学习和人生的成功。

精准帮扶"拉一把"

精准核实，确保"扶真贫"，确保不漏一个贫困户；精准施策，因村因户制宜，找准脱贫"金点子"；精准规划，产业带动彻底拔除"穷根"。

这是某地有关扶贫的一段文字，表述的是扶贫工作的基本思路。今天，当一些成绩不理想，表现也不理想的学生出现在我们班级的时候，作为班主任，我们应该把他们的转变作为一项重要的工作来对待，像消灭贫困那样，采取有力措施，进行精准帮扶。

这里所谓的精准帮扶，指的是对那些确实需要帮助的学生进行切实的帮助与扶助，使他们尽快走出困境，融入班级生活中。

精准帮扶，这是一项十分具体的工作，班主任要确定需要帮扶的对象，他们需要哪些方面的帮扶，怎样进行帮扶。

怎样帮扶后进生呢？张老师设想出一个方案，与学生商量，没想到他们一致同意。

让后进生轮流，每天三位，利用放学前的十分钟夕会课，上完安全小课后，由后进生上台讲述自己的优点与进步。每天一条，前后不准重复。大家听完评判，如果属实就报以热烈的掌声。

张老师认为，批评有伤自尊，把缺点展示出来并不利于改正。展示优点与进步，那是表扬，能够激起学生的自信，他会用行动来证明自己可以做得更好。三人轮流上场，也是种竞赛，比比谁的优点多进步快。

张老师问："哪些同学最需要提醒呀？"

大家齐声喊："刘平！""张运财！""刘燕！"

的确，行为习惯最差的，就他们三位。群众的眼睛是雪亮的。

"那，谁先来？"

有人说刘平，有人说刘燕。

"刘平举手了，那你从今天开始吧！——谁排第二呢？"

"还是男子汉勇敢些！敢于面对困难，解决问题。——张运财，你排第二吧！"

张运财依然笑着，点了点头。

"你就第三吧。刘燕，有话要说吗？"

……

这不失为一个好主意。好在班级民主，好在学生比较主动。大家同在一个班级，学生把班上几位需要提醒进步的学生的名字喊出来，这样看起来好像会让那几位学生丢面子，是对他们的不尊重。其实不然。他们经常在一起学习和生活，班上到底哪些同学表现差，学习差，其实谁都心里有数。学生把他们的名字喊出来，这并不是那么有失面子的事情，一切好像在自然的状态中进行。

就帮扶的主体而言，可以分为以下这几种帮扶方式。

学校领导帮扶

指的是学校主要领导亲自帮助几位需要帮扶的学生。

一所规模小的学校，校长亲自抓帮扶这一工作。校长要求班主任把自己班上学习成绩比较差的学生的名单交给他，每班5个左右，共2个班，10名左右。

校长因为工作比较忙，也并非每天都进行辅导。他只是让学生在规定的时候，把作业本或练习册拿出来，让学生读英语单词，讲述各科练习的思路等。实际上，校长所做的，并没有多少涉及各科专业问题，他只不过是起一个督促作用而已。但一段时间后，学生真的有所进步。中考时有几位学生顺利考上了高中。

校长是一校之长，工作繁忙这是事实。但作为一校之长，能够把工作落实得这样具体的，是非常称职的。因为校长本身是学校的最高领导，在学生的心目中，就有一种威严感，所以，校长亲自联系他们，进行帮扶，他们压力大，压力一变成动力，就能促使他们进一步学习和进步。

班主任、任课教师帮扶

班主任、任课教师帮扶，这应该是比较有效的措施。为什么？班主任、任课教师与学生的接触机会多，他们对学生比较了解，他们的帮扶就比较有效。

1. 要关心、爱护后进生。

优生的优点是显而易见的，而对后进生则易发现其缺点，看不到其优点，这种现象是不利于学生进步的。教师应尊重他们，尽可能地去发现他们的闪光点，爱他们。爱是具体的，渗透在对学生的一言一行中，慢慢地去感动、感化学生。后进生也是孩子，他们应享有同其他学生同样的平等和民主，也应享受到优秀学生在教师那儿得到的爱。

2. 关爱后进生，就要真正做到以情动人。

（1）真诚。教师不应该有丝毫虚伪与欺哄，一旦学生发现"有假"，教师所做的一切都会被看作是在演戏，他们会说："老师是说给我们听的，才不是那么回事。"结果真的也变成假的了。

（2）接受。即能感受后进生在学习过程中的各种心理表现和看法，如对学习的畏惧、犹豫、满足、冷漠，错误的想法和指责等，信任后进生，鼓励他们自由讨论。

（3）理解，即通过学生的眼睛看事物。

3. 了解学生各方面的现实情况。

必须全面调查了解学生，对其各方面情况做到心中有数，这是做好转化工作的基础。要充满信心地去亲近他们，成为学生真正的朋友和知心人，并进一步认真、仔细地分析后进生后进的原因。

这是一位教师帮扶学生后的工作体会。这里的关键词就是：欣赏与理解。该教师没有仅仅把提高学生的学习成绩作为帮扶的唯一目的，而是在于学生的整个人。这是非常重要的。如果只把学习作为帮扶的唯一目的，眼睛只盯着学习成绩，就会使本来学习成绩就不佳的学生感到厌倦，甚至会排斥教师的帮助。而教师的真诚与接受，再加上理解，就会让学生感到教师的帮助是出于真正的关心与关爱，而不是仅仅出于功利的目的，进步的欲望就容易被激发，从而取得各方面的进步。

学生之间的帮扶

在升学考试竞争激烈的今天，这样的帮扶基本上被学生之间学习信息的相互封杀、个人争先所替代。这是很让人痛心的。其实，只要安排妥当，学生之间的帮扶也可以双赢。

下面是某班学生的帮扶协议书：

一、结对方式

帮扶双方通过双向自愿选择，并结成帮扶对子，双方签定帮扶协议书，被帮对象界定在有上进心、服从管理、积极进取、对己负责的学生。

二、协议期间，双方的责任及义务

1. 主帮者。

（1）主帮者一定要有下面"四心"：爱心——真心帮助同学；耐心——语气尽可能保持友善；信心——相信只要真心帮助，被帮者一定可以提高；恒心——坚持到底，不要放弃。

（2）"帮助别人就是帮助自己"，一定要明确这一点。帮助别人的过程，自己也可以提高，这本身就是一个双赢的过程。通过帮别人，知识可以掌握得更熟练、更牢固，理解得更深刻。因为自己"感觉会了，感觉明白了"和给别人讲出来是不同的，后者达到了知其然而且知其所以然，给别人讲出来是更高层次。所以，帮助别人绝不是耽误自己。

（3）主帮者要明确，帮助的不仅仅是知识方面，同样重要的还有学习方法。主帮者要管理好自己的"徒弟"，一定要严格要求，监督检查到位。

（4）主帮者要和被帮者协商，订出目标，并监督实施，努力实现。

（5）主帮者要以身作则，保证质量地完成好自己的作业，为被帮者做好表率。许多时候，主帮者要和被帮者共同学习，对别人要求的，自己首先要做到。实际上这也是对自己的督促、帮助。

2. 被帮者。

（1）被帮者要更主动地抽时间、挤时间去问、去学。充分利用课堂以外的任何时间，包括饭前饭后、课前课后、回宿舍后、睡觉之前等一切大时间、小时间。当然也要注意适当休息和锻炼。

（2）被帮者尽可能把问题时间固定，以便于主帮者安排自己的学习。一定要把自己有疑问的内容集中起来问，防止学习过程中发现一个问一个。这样可以避免打断主帮者的学习。

（3）被帮者更要有韧劲，要持之以恒地坚持，绝不能半途而废。要"厚脸皮"，不必那么多不好意思。不要太敏感——比如，看到主帮者有一点情绪变化、有一些不满意时，感觉自己伤了自尊。

（4）严格要求的背后是关爱，要与主帮者配合好，理解自己的"小老师"对自己严格要求是为自己好。一定要听从"小老师"的安排，服从"小老师"的要求。

三、该协议一式三份，双方各一份，班级一份备案

可以肯定的是，这是一份完整的学生之间的帮扶协议书。从协议书本身来看，协议把双方的责任和义务规定得比较详尽，也切实可行。相信，随着协议的履行，能够取得预期的效果。

社会力量帮扶

这是目前一些地方正在实施的帮扶措施，而且，也取得了一些成效。例如江苏省宜兴市教育部门、关工部门实施的，广大老园丁积极参与关心下一代活动而创设的"四帮一"活动，就比较有效。"四帮一"由一名退休老教师、一名任课教师、一名优秀学生干部以及"问题学生"家长，共同组成一

个帮教小组，合四方之力帮扶一名有不良行为的学生，逐步使之培养起良好的思想道德素质和行为习惯，在校做好学生，走上社会成为好公民。一些学生正是在他们的帮扶下，取得了各方面进步。

当然，如果在"拉一把"之后，还能再"扶上马"并"送一程"，就可以更好地避免出现反复，那就更完满了。

十、家长未必即资源："斗争"中联合

家长即资源，已经成为一些班主任的基本理念之一。他们在班级管理工作中，充分调动家长的积极性，把他们吸引到班级事务中来，使他们成了班级管理的一支重要力量。

不过，家长来自不同的地方，不同的行业，不同的年龄，不同的文化水平。这是一群非常复杂的对象。对教育，对孩子所在的班级，乃至对班主任，他们都有着各自不同的看法，相异的期待。班主任要成功地与他们打交道，就不仅仅是一个"资源利用"了事，还有诸多的矛盾需要解决，诸多的困难需要克服。这是需要智慧与付出的。

家长参与班级事务的另类思考

从女儿上幼儿园到现在读初中，热心肠的王玲一直都是学校、幼儿园家长委员会的成员。现在，她在某中学家委会负责培训部工作。"家长们都非常乐意为学校做一些力所能及的事情。这些都是自愿的。"王玲说。学校里设有家委会办公室，学校的所有事务都公开化，家委会每月开一次碰头会，校长会向家委会汇报学校工作，如有需要家长做的事情，家长们可自愿选择参与。其中，很多家长自愿参与了家长护卫队的活动，在学生上学、放学时家长护卫队就按班级在校门口执勤。"自从护卫队成立后，学校门口从未出现过打架斗殴、外校学生骚扰的事情。家长参加护卫队、开设家长课堂、为学生外出活动保驾护航等，这些事情都不是学校硬派，而是家长自愿的。"王玲说，对于她来说，能参与学校的事务，是一件很高兴的事情，也是一种责任。

家长参与班级事务和学校事务，是首先需要肯定的。学校的各项工作，没有家长的大力支持，开展起来就困难得多。而有了家长的支持，事情就比较好办。例如护卫队的成立，就解决了学校有关安全方面的问题，学校、家长都欢迎。

但是，我们也要看到，家长的情况也比较复杂。我们如果以一种思维来考虑问题，就可能给班级管理工作带来麻烦。家校合作中，家长们往往会有不同的心理。有的家长非常主动去帮助学校、老师，是想为孩子们提供一些便利条件；也不排除有些家长觉得"为老师做点事情，老师就能对孩子好一点"；也有的家长出于一种无奈，"老师开口了，咱不做不太好吧"，或者是"别的家长都做，咱不做，孩子就会吃亏"。

客观上来看，家长多参与学校的事情，对于教育孩子有一定好处。但也可能会多多少少引起孩子的攀比心理，导致另一种形式的"拼爹"。

现在，孩子之间的"拼爹"已经不是什么秘密，而是已经公开的行为。小小年纪，他们就开始了攀比，开始了"拼爹"的比赛。家长的情况各自不同，各自都有可利用的资源。但资源的利用中，却存在复杂的情况。有的家长有钱，有的家长有权又有势；有的家长，既无权又无钱，只有浑身的力气；有的，甚至连力气都没有。在世俗的眼光看来，这些资源之间，存在着高下的差别。于是，有权的，有钱的，有权又有钱的，地位高，吃香；无权又无钱的，地位低，被人瞧不起。那些尚未成年的孩子，他们之间就自然存在着比拼的心理。

从学校的眼光来看，权也好，钱也罢，乃至力气，都是学校所需的资源。对孩子来说就不同了，家长的资源就直接成为孩子可以拼比的实力。因此，一些家长，为了让自己的孩子在学校更有面子，就玩起了比拼的游戏。结果，那些有权、有钱的，显然更能够给孩子挣得面子，其他的呢，自然就没了面子，心理造成了一定的创伤。

目前，在家长即资源这样的理念下，还有某些班主任产生了一些错误行为。一是利用家长资源办私事。这样的现象比较普遍存在于城市学校中。几年前，一位退职了的县级领导就谈到过这样一件事。他女儿当年读初中时，班主任经常利用这一关系，让其帮助解决出行的车子问题。而且，次数比较多。他认为，这样的班主任靠生吃生，利用关系办私事，影响太坏，他非常讨厌，影响极坏。二是造就了一些班主任"一根筋"似的对待家长。由于片面强调了家长的资源作用，让一些班主任片面理解了家长的作用。他们错误地以为凡是家长就是资源，根本没有考虑到家长本身的复杂性，没有学会根据不同的家长区别对待，带来了一些工作上的麻烦，乃至尴尬。

家长不一定即资源

这是某校二年（1）班第一次迎来"家长微型课程"讲座，参与讲课的两位成员是王诗雨同学的爸爸和妈妈。王诗雨的父亲是某公司的资深管理人员，专门从事安全方面的培训工作。

在热情的问好声中，拉开了讲座的序幕。王诗雨妈妈首先介绍了什么是安全带以及安全带的四个种类。一石激起千层浪，学生们个个踊跃举手，纷纷介绍起家中汽车的安全带。接着，王诗雨妈妈又用一系列数据，对比了安全带在国内外的使用情况，语重心长地告知为什么要使用安全带以及使用的误区。其间，小朋友的出色回答受到了王诗雨妈妈的赞赏。然后，他们和孩子们一起探讨幼儿为什么必须使用儿童安全座椅，宠物需要系安全带吗。整个讲座让孩子们明白了道理：客车驾驶员和前排的乘客必须使用安全带，当发生交通事故时，安全带对人起到缓冲作用，防止出现二次伤害。

这是一个家长在班上作讲座的情况。在一些城市学校，家长大多文化程度较高，而且一些家长还是职业岗位上的高手，有的甚至是专家，是技术骨干、道德模范、领导干部等。对班级而言，从理论上说，他们就是非常宝贵的教育资源，班级管理，乃至学校管理中，都可以很好地利用。

一些家长，热心学校教育，积极为学校教育的发展献计出力，作出了自己的贡献。这是不可否认的。可以说，在教育这一领域，家长是学校教育最为忠实的伙伴，是班级管理中重要的协作力量。通常我们所说的家校合作，实质上就是班级教师，其中最多的就是班主任与家长的合作。从这个意义上说，家长是班主任最和谐而有力的伙伴。

家长作为资源，这是班级工作所需要的，也是学校发展所需要的，这是办学的基础，是管理的重要条件。家长们争着为孩子的班级作贡献，在这背后，却有着诸多的无奈和担忧。部分老师，则成了无形的"推手"。功利化成了这一合作的特点。

实际上，班级所需要的是软件的支持，是真正的内心的支持，文化的支持。关键的是家长与教师要在内心达成一致，要在根本问题上与班级保持一致，家长才有可能成为真正的教育资源，而且是优秀的资源。

确认家长的类型

台湾学者张民杰在《班主任工作理论与实务》一书中，介绍了美国学者威廉斯等人从班级管理的角度，将家长分为不同的类型。

1. 无敌意、合作型家长：这类家长会配合教师对学生的要求。
2. 焦虑或压迫型家长：家长很担心小孩输给别人，主观性强。
3. 自我涉入型家长：这类家长听到教师对于孩子的评论，觉得好像就是在说自己。
4. 否定型家长：这类家长认为孩子没有任何问题就是好事，所以教师最好不要找他。
5. 抵抗型家长：这类家长经常不听教师的建议，有自己的教养计划。这样的家长不在少数。
6. 严苛型家长：这类家长会经常像行政人员一样看待教师的管教行为。
7. 怀有敌意型家长：这类家长极度不满教师的管教，经常会到学校来理论。

不同类型的家长，他们与学校，与班主任的关系大不相同。例如合作型家长与严苛型家长，他们与班主任的关系，可能就存在巨大差异。

分类的目的在于区别对待，为了与家长们进行更好地合作。那么，班主任到底应该怎样与不同类型的家长同心协力进行班级教育？

威廉斯等人针对这些类型的家长，对班主任老师提出了一些非常好的建议：

1. 大多数家长都是无敌意、合作性家长。
2. 对焦虑型或压迫型家长，教师在讨论学生优缺点时应有一定限度，点到为止，教师做个积极的倾听者即可。

3. 对自我涉入型家长，要明确指出孩子的行为表现，呈现孩子的优缺点，也要告知优点。

4. 否定型家长。如果学生表现出适当的行为时，班主任可借家长之手在学生家中奖励学生。

5. 抵抗型家长。班主任不要给他们建议，而要把问题丢回去，协助家长完成他们的教养计划即可。

6. 严苛型家长。绝对不可以体罚学生，即使是家长要求也不可进行。

7. 怀有敌意的家长。他们到学校来论理时，班主任的过度防卫反而容易让事态严重。

一般而言，家长发泄情绪时，最好不要回嘴，应心平气和，公开说明情况。如果家长人身攻击或出言不逊，教师可选择暂时回避、离开现场，并告知家长：这样的会谈将会再重新安排；如果家长大声咆哮，班主任应离开现场，切勿与家长对骂，以防事态扩大。

不同类型的家长，班主任需要因人而异，采取不同对策，否则，就有可能陷入被动，甚至还有可能产生冲突。

如果根据家长与班主任合作的意愿的不同，又可以分为以下类型：

严苛型 （低合作、高关注）	积极型 （高合作、高关注）
冷漠型 （低合作、低关注）	放手型 （高合作、低关注）

高 ↑ 关心学校教育的程度 ↓ 低

积极型。此类家长即为无敌意、合作型家长。由于这类家长高度关注班级工作，又与教师积极合作，教师还可以请这一类家长协助进行教学、辅导工作，以及参与部分班务管理。如果这一类家长数量较多，班主任就可以得到他们较多的帮助。

严苛型。此类家长大致包括了焦虑或压迫型、自我涉入型、否定型、抵抗型、严苛型、怀有敌意型家长，知识程度上有所差异而已。他们关心班级对其子女的教育，但却不认同学校或教师的理念或做法，是班主任最需要花时间和精力去说明、沟通、寻求支持的对象。这类家长人数当然越少越好，不过积极型和严苛型这两类家长是会转换的。班主任如果无法拿出专业的教学、无法全心投注于学生，积极性家长也有可能转换为严苛型家长。

冷漠型。这类家长一般因诸多因素而处于不关心、不合作的状态。这时，家庭教育所发挥的功能极其有限。这也就是召开家长会时该来却不来的家长。班主任较难与这类家长建立联系，虽然这类家长不会对学校有意见，但学生在行为或课业上万一出现问题时，也得不到家长的协助。这类家长常常因活动的缺席而被人忽视。

放手型。这类家长完全依赖学校，依赖教师，尤其是依赖班主任，因此他们放手让学校，让班主任去做，学校或班主任需要他们配合的事情，他们也积极采取措施配合。不过，他们的不关心，也可能是由其受教育程度、工作因素及特殊的受教育经历等造成。无敌意、合作型家长，也可能就是此类家长。对这类家长，班主任应思考提升其教养水平，使他们有能力去关心学校教育，关心班级管理，这样才不会使他们变成冷漠型家长。

班级工作需要讲究方法，好的方法可以让工作更加出色，乃至起死回生。现实中，既然存在着不同类型的家长，为了让那些家长们都发挥他们的作用，就需要有针对性地采取不同的对策，与他们沟通，让他们把精力用在教育好孩子上。

一日，学生在课堂玩手机（监视画面显示是在打游戏），根据学校的有关规定是要没收代管直至高考结束。班主任李老师下课后把学生叫到教室外，学生也很自觉，主动交出了手机。这事发生在高考前，老师没进行过多批评，只是希望学生想清楚该如何做，然后和老师交流。

没想到当天晚上临近11点的时候，班主任突然接到家长的电话，带着指责的语气连问了三个问题：李老师，你是不是没收了孩子的手机？收孩子的手机为什么不通知我们家长？孩子的手机很贵的，如果丢失你是不是赔偿？

李老师针对家长的质问做了如此回答：我理解你的情绪，接孩子的时候却找不到孩子，那份焦急和担忧是任何一个做妈妈的都会有的，这也说明你真的很爱你的孩子。不过，我也很爱我的学生，请问你的孩子现在已经是高三了，如果她自己连这样的问题还不知道该如何解决，那么你能保护她一辈子吗？如果真的爱你的孩子，你应该教给她如何处理生活中的问题，而不是一味包办替代。孩子的手机虽然很贵，如果丢失我一定会赔偿的。但我想知道，你现在关心的是手机还是孩子？如果还有什么意见，我希望第二天我们当面交流。

家长听老师如是说，立即缓和了语气，对自己的无礼进行道歉，并答应第二天亲自到学校交流。

第二天一早，家长就来到学校，见面第一句仍然是为昨天的无礼进行道歉。然后说，在孩子很小的时候自己离婚独自抚养孩子，女儿就是她生活的全部，唯恐别人会欺负她。话音未落，家长就流下了伤心的泪水。

李老师说，没关系，并也表示抱歉，说自己不了解情况，你的焦急是可以理解的。接下来，他们的交流就比较顺畅，在爱孩子的共同点上寻找到了解决问题的方式，并且在如何爱孩子的方式上也达成了共识。最后家长还是禁不住道歉说，没想到老师替孩子考虑得更全面、更长远。这样，"刁蛮"的家长变得非常通情达理，非常地支持学校的工作，一场矛盾换来了家长的鼎力支持，这个学生一直到高中毕业都没有怎么犯错误。

这就是比较典型的严苛型的家长。面对此类家长，班主任既不能敷衍，也不能顺应，需要的是智慧：抓住家长"错误"的要害，进行巧妙引导。当然，和蔼的态度是必要的，必要的礼貌也不可少。把一个"对立面"引到了助力的轨道上，这就是成功。班主任多在转化上下一番工夫，对他们的班级管理来说，是值得的。

冷静面对"难缠"的家长

一位家长见到老师后，一会儿说："这个孩子愁死人，贪玩得要命，就是不肯学习。"一会儿又说："这孩子爱忘事，老师布置的作业、交待的事情，回家就忘得一干二净。"老师还没反应过来，家长又开始抱怨孩子在小饭桌边上吃不好。老师怎么也跟不上这位家长的思路，不知道他到底想要自己帮着孩子解决哪方面的问题。

家长由于文化素养、习惯等原因，有时在与班主任交流时，东拉西扯，说了半天也说不到点子上。这个时候，班主任就必须有针对性地把话题引到主题上来，引到交流的目的上来，否则，浪费了时间和精力。

在农村，此类家长比较多。家长们文化水平不高，但他们对学校，对孩子的教育却是比较关心的，心是热的。只要班主任自己不要跑题，一般而言，心有灵犀一点通，一两句话就可以解决问题。

有一个孩子，从小学一年级入学的第一天起就开始打别的孩子，而且下手特别狠。但是这孩子每次都坚称，错误在别人，不是别人先招惹他，就是别人有招惹他的企图，他只是自我保护。他的母亲也坚定地站在孩子一边，动辄就在电话里喋喋不休又情绪激动地为孩子辩护。

在交流中班主任发现，这位家长理解和应对事情的模式，是比较典型的"眼镜蛇型"。其特征，一是缺乏安全感，不信任他人，总觉得世界充满了敌意，就随时准备起来"战斗"，二是在交往中容易将别人视为入侵者并引发过激反应。由于母亲是个强势的人，孩子也在交往中习得了母亲的模式，在交往中往往错误地理解别人行为的意图，将太多的无意行为视同对自身的侵犯，从而作出过激反应。

后来，班主任总是先让家长宣泄情绪，等宣泄完后，问家长：知道孩子为什么这么瘦吗？因为他的理解模式是偏颇的，导致他夸大了环境的"恶劣"，精神容易处于紧张之中，就像一个原始人觉得丛林中充满了危险，随时准备起来战斗。这样会大量地消耗孩子身体中的能量，孩子就难长胖。不仅如此，久而久之，孩子的肠胃还容易出问题。

家长很吃惊，因为孩子上幼儿园时，肠胃就有问题。于是，他们站在同一个阵线上，讨论如何修正孩子的理解和行为模式，最终形成了一套完整的方案（即家校的标准反应模式）。经过一个学期的努力，原来每天都会攻击别人的孩子，现在每个月顶多出现一次这样的行为，家校关系也逐渐恢复了正常。

研究家长，了解家长思考问题的思维模式，然后以针对性的态度与家长交流，从而建立和谐的关系。这是一条非常有效的途径。个别家长交流难，并非他们故意刁难，而是另有原因。只有在对他们有了深入的了解之后，才能真正走进他们的内心世界。

　　交流的切入点的选择，也蕴含着智慧。这位班主任以孩子的身体比较瘦为话题，就能够引起家长的关注。因为作为家长，谁都不情愿看到自己孩子瘦弱，希望孩子有强壮的身体，家长就自然感兴趣。家长既感兴趣，就可以引出孩子瘦弱的原因。而原因竟然与孩子的思维方式有关系，家长当然就更会引起注意了。很自然的，问题的症结就顺利地找到了。结果，当然是皆大欢喜了。

家校合作　形成合力

　　学生中有一个叫新雨的，是个调皮的男孩，做题常常马虎，课上也总是走神。在期末考试还有两天的时候，班主任发现他听课很认真，晚上班主任就主动和他妈妈沟通了一下，一句批评都没有，全是表扬，而且很诚恳的表扬，并恳请家长把老师的表扬告诉孩子。家长很高兴，感谢老师对孩子的关注，孩子听了出乎意料地高兴。因为他没有想到，他今天的表现会得到老师这么大的表扬。就在以后的两天里，他上课的时候都特别认真，计算能力也有所提高，家庭作业的进步也特别大，一看就知道得到了家长的帮助。看来我们把表扬作为与家长联系和沟通的一种重要方式也很重要。

　　一般而言，在大多数情况下，班主任与家长联系，大多是建立在孩子出了问题的时候，很少会主动与家长谈孩子的生活、学习等方面的正面表现。所以，很多家长在接到班主任打来的电话时的第一反应，就是孩子又弄出了什么事情了。这个时候的家长，心里肯定不高兴。所以，在很多情况下，他们就难以克制自己内心的不满，与老师，与学校的冲突就容易发生。相反，如果班主任平时就注意与家长的沟通，经常把孩子在学校的表现告知家长，尤其是把孩子在校的进步及时告知家长，家长一定会非常高兴。因为这正是家长所期望的，也是家长最愿意听到的话。

　　班主任做这样一件事，所花费的时间和精力并不多，但一些班主任就是不太情愿做这样的小事，以为小事即使做了，也不见得就能够见效。这是一种误解。所谓的"细节成就精彩"，指的就是做好每一件小事，在小事上见出效果。

　　2012年暑假，福建省教育厅颁发了《关于在全省中小学中开展教师暑期家访活动的通知》，明确家访主要采取登门走访的形式，原则上以班主任为主，任课教师为辅，学校行政领导参与；对家在外地的学生可采用电话、互联网等现代通讯工具或书信的形式进行家访。

　　根据要求，暑期家访老师将做到六方面内容。包括了解学生家庭情况、成长环境、在家表现、学习习惯和生活习惯等；向家长反映学生的学习情况和在校表现，指导家长树立正确教育观念，用科学的方法教育孩子；要宣传教育法律、法规和教育政策，对家长关心的热点问题做好宣传解释工作；了解掌握经济困难、学习困难、思想和学业上有重大变化的学生、留守儿童（含单亲子女）、进城务工随迁子女和残疾学生的情况，有针对性地采取帮扶、辅导（含心理辅导和学习辅导）和其他助学措施，帮助他们克服困难，鼓励他们积极上进、健康成长；讲解有关学生安全教育知识，督促家长或监护人教育学生增强安全防范意识；征求家长对学校及教育部门的意见和建议等。

　　这样的沟通，就很有必要。老师直接登门家访，这是很多年以前家访的唯一形式。后来，由于各种原因，逐渐淡出了人们的视野，取而代之的是电话，电子邮件和QQ聊天。我们固然不否定现代家访形式的作用，但那毕竟不那么直接，毕竟隔了一层。教师的登门家访，就是为了向家长告知孩子在学校的表现，并从而与家长建立联系，共同做好孩子的思想工作。

　　"六（2）班曹×豪课堂表现（认真）+1（分），一（1）班陈×莹课堂表现（认真）+1（分）。"这是某小学官网上看到的信息。在这个名为积分系统的平台上，有该校所有学生的积分状况，包括课堂表现、学科成绩、德性养成、特长发展等几个方面。该校网络积分平台的建立主要是为了激发学生的学习积极性。

　　系统建立后，得到了师生和家长的好评。因为它为学生建立一个电子档案袋，用代表性的事实来反映学生的学习成长情况，记录学生的成长轨迹，为学生的自我评价、自我反省提供依据。同时，也可帮助家长及时调整家庭教育策略，形成家校教育合力。

　　这是又一种正面告知家长孩子在校表现的形式。这一形式与新课程改革对学生进步评价的要求相适应。这样的陈述，相对而言，虽然比较概括，但家长仍然可以看到自己孩子的各方面情况，心里就有了底。

现代社会，各种媒体发达，学校完全可以利用起来，可以及时与家长沟通、互动，达成意见上的一致，从而共同做好工作。

2012年4月11日，我很荣幸地接受老师邀请参加了一年级（4）班的家长开放日活动。随着14位家长踏入教室的脚步声，在语文老师的一声令下，孩子们立刻跟着大屏幕一本正经地读了起来，听着孩子们稚嫩的声音，忽然间有种莫名的感动涌上心头。让我最感动的是孩子的阅读力，该轻声的，该加重语气的，孩子们读得绘声绘色，听着孩子那么有韵律的阅读声，我真的感到很欣慰。

第一堂课是班主任刘老师的数学，一上课和孩子们互相问好后，刘老师就把同学们的好奇心给调动了起来。刘老师在大屏幕上放出了一系列卡通图像，让孩子们通过开火车的方式，复习所学的十以内加减运算，接着刘老师通过风趣幽默的提问和让同学们抢答的方式，学习了十位数加减十位数、看图列式等新课程。孩子们在有趣好玩的气氛中掌握了知识。

随后，在多媒体的帮助下，音乐课开始了……

这是一位家长的感言。

多种多样的形式，可以让家长看到一个真实的在学习中的孩子。学校全方位向家长开放，孩子高兴，家长也高兴。

向家长正面陈述孩子在学校的表现，这是一种主动的行为，是一种在乎学生、关心学生的做法。及时向家长告知孩子的表现，让家长对孩子的各方面心里有数，同时，也让家长可以比较及时地对孩子进行教育、引导。班主任把学生的良好表现告知家长，这本身就是一种表扬，一种激励，再加上家长的鼓励，孩子就可以得到双份的鼓励，对他们的成长非常重要。

后 记

　　这么薄薄的一本书稿，要解决班主任工作中的所有偏差，是期望过高，不太可能。但可以肯定的是，本书中所阐明的道理，所指出的方向，至少对读者应该有所启迪。

　　书稿的整个策划与写作，凝聚了我们的诸多心血，还分别征求了一些一线班主任的意见。对他们所贡献的智慧，表示感谢。

　　选题策划经历了比较长的时间，大致5个月吧。反复修改，精心打磨，才最终确定了10个主题。最初，虽然名为《走出班主任工作的十大误区》，但每个大的标题，都只有一个误区的描述，并没有如何走出误区的文字。例如第一部分，原稿上只有"摒弃救世主心态"没有"做平等者中的首席"，显得比较粗糙，且与书名不尽吻合。经本书编辑林云鹏先生提示，才有了现在的"摒弃救世主心态：做平等者中的首席"这样比较完整又与书名适切的标题。此外，书籍的出版，林先生付出了很多努力，在此表示感谢。

　　书稿的写作，则是一个更加艰难的过程。我们虽然有着一线班主任工作的经验，但还没有完全形成系列，更没有形成文字。所以，写作的过程是一个条理化、系列化的过程。

　　本书的写作，最大的困难则在于揭示出种种误区与偏差的"不是"之处。因为长期以来，一些做法已经被作为经验在传播，或者已经被作为工作的正态。现在，一下子要判定为误区或偏差，有时候，就连我们自己，思维都难以在短时间内倒过来。最后那些似是而非的做法，我们都以新的理念加以检视，最终认定为误区或偏差，形成了新的思维方式，新的价值判断，才逐渐完成了书稿。

  书中的案例，有的来自我们自己的实践，有的则来自网络或纸质媒体。不论注明了出处还是未注明出处的，一并在此深表谢意。

  本书的一、五、七、八、九、十章，由黄行福撰写，第二、三、四、六章由黄婷撰写。最后由黄行福统稿。